수처작주 입처개진
隨處作主 立處皆眞

어느 곳에 머물든 주인이 된다면,
그곳은 모두 참된 곳이다.

_____ 드림

30초 리더십

30초 리더십

1쇄 발행 2018년 12월 21일
4쇄 발행 2022년 2월 5일

지은이 정성식
펴낸이 이혜숙
펴낸곳 (주)스타리치북스

출판 감수 이은희
출판 책임 권대홍
출판 진행 이은정 · 한송이
편집 교정 추지영
본문 편집 스타리치북스 디자인팀

등록 2013년 6월 12일 제2013-000172호
주소 서울시 강남구 강남대로62길 3 한진빌딩 2~8층
전화 02-6969-8955

스타리치북스 페이스북 www.facebook.com/starrichbooks
스타리치북스 블로그 blog.naver.com/books_han
스타리치몰 www.starrichmall.co.kr
홈페이지 www.starrichbooks.co.kr
글로벌기업가정신협회 www.epsa.or.kr

값 12,000원
ISBN 979-11-85982-56-4 13190

대한민국 CEO를 위한 건배사

30초 리더십

정성식 지음

StarRich
Books

30초 리더십이 필요한 이유

불안하십니까?

'빈체로vincero'는 이탈리아어로 '나는 승리할 것이다'라는 뜻이다. 푸치니의 미완성 오페라 〈투란도트〉에 나오는 말로 많은 사람들에게 깊은 인상을 준다. 천장을 뚫을 듯이 터져 나오는 성악가의 우렁찬 목소리 때문일 수도 있다. 아리아 '공주는 잠 못 이루고'의 하이라이트에 해당하는 이 부분은 한번 들으면 오랜 시간 입으로 흥얼댈 만큼 쉽게 각인된다.

몇 년 전 신년 인사회로 에너지 업계 대표들이 한자리에 모였다. 분위기가 무르익을 무렵 누군가 제안한 건배사가 주목을 받았다. 바로 '빈체로'였다. 글로벌 경기 침체와 유가 하락으로 에너지 기업들의 경영 여건이 좋지 않은 상황에서 '다시 한번 힘을 내자'는 뜻에서 제안된 것이다. 사람들은 빈체로가 '빈 채로(술잔을 비우자)'라는 중의적인 의미도 있다는 것을 깨닫고 건배사에 더 뜨겁게 호응했다.

세계적으로 유행하는 말 중에 꼭 하나만 꼽으라고 한다면 단연코 'YOLOYou Only Live Once', '욜로'를 들 수 있다. '인생은 한 번뿐이니 하고 싶은 일을 마음껏 하고 살아라'는 뜻이다. 미국 배우 겸작가 메이 웨스트Mae West가 인용하고 오바마 전 대통령이 건강보험 개혁안을 주창할 때 사용하면서 이 말은 바람 속 들불처럼 퍼져 나갔다. 많은 사람들이 그동안 해오던 일을 그만두고 욜로를 외치며 다른 세상으로 향했다. 거리로 쏟아져 나오며 '욜로'를 외쳤다. 하지만 '욜로'의 삶은 누구나 누릴 수 있는 것이 아니기에 몸과 마음이 바쁜 사람들에게는 동화 같은 이야기였다.

사람들은 서로 다른 이유로 불안감을 지니고 산다. 그래서 현대사회를 불안사회라고도 부른다. 다양한 미디어와 소셜네트워크 환경에서 수많은 정보가 무차별적으로 뿌려지는 가운데 불안은 진정되기는커녕 더 확대되고 있다.

한번 공개된 개인정보는 인터넷을 타고 무차별적으로 퍼져 나간다. 중세 시대에나 존재했던 마녀사냥이 인터넷 세상에서 다른 모습으로 재현되고 있다. 불안이 또 다른 불안을 낳고 있는 것이다. 사람들은 불안에서 벗어나 안전한 지대로 올라서기 위한 방법으로 배움을 택한다. 배움은 불안으로 만들어진 불투명한 장막을 걷어주고 미래를 뚜렷하게 볼 수 있는 혜안을 열어주기 때문이다.

하지만 배움을 이어가기 위해서는 많은 인내와 노력이 필요하다. 배움의 결과는 달콤하지만 이를 달성하기까지 지난한 고통이 뒤따른다. 하지만 배움은 쉼표 없는 도전이어야 하고, 그러다 보면 어느새 성공이라는 목표점에 서게 된다.

배워야 죽지 않는다

날개를 펴고 하늘 높이 날아야 할 예비 취업생들이 추락하고 있다. 경쟁이 치열해지면서 더 좁아진 현실의 문을 통과하지 못했기 때문이다. 젊은이들은 해외 연수와 각종 자격증 취득에 목숨을 걸어야 하고, 소위 말하는 '스펙'이라는 필수 코스를 밟기 위해 전공 공부보다 더 많은 시간을 투자한다. 자기소개서의 달인이 된 지도 오래다.

우리는 '배워야 산다'가 아닌 '배워야 죽지 않는다'의 시대에 살고 있다. 배움은 목을 적시는 물이고 생명을 유지하는 식량이기 때문이다. 갓 입사한 신입사원부터 퇴직일을 달력에 표시해 놓고 카운트다운을 하는 임원에 이르기까지 배워야 한다는 절박함 앞에 서 있다. '배움의 끝을 보려면 배우기를 평생 멈추지 않아야 한다'는 묘한 말처럼 배움에는 종착지가 없다.

이 모든 것이 막연한 불안감 때문이다. 의학 기술의 발전으로 연장된 수명은 분명 축복이지만 미래가 불안한 삶을 생각하면 꼭 그렇지만은 않다. 은퇴 버스에서 내린 후에도 수십 년을 늘 '어떻게 살까?', '무엇을 해야 하지?' 등의 고민이 꼬리에 꼬리를 물고 따라온다. 결국 퇴근을 하고도 집에 가지 못하고 학원의 비좁은 책상을 찾아서 유턴해야 한다. 불황 중에도 호황을 맞은 학원가에서는 오늘도 딱딱한 의자에서 엉덩이를 뗄 수 없는 사람들이 괴로운 비명을 지르고 있다.

생존형 과외로 살아남기

지식 암기와 기술 연마를 넘어선 생계형 배움이 주목받고 있는데 이른바 '생존형 과외'다. 과외는 대학 진학을 목표로 하지만 '생존형 과외'는 말 그대도 '살아남는 것'이 목표다. 퇴직 후 조그만 가게라도 내기 위해 요리 학원이나 기술 전문 학원에 등록하는 일이 대표적인 '생존형 과외'다. 요즘 눈에 많이 띄는 스피치 학원도 마찬가지다. 돈을 들여서 말하는 법을 배운다는 것을 상상해 본 적이 있는가? 사실 돈을 받고 말 잘하는 기술을 가르쳐주는 곳은 '웅변학원'뿐이라고 생각했다. 하지만 방송국 취업을 희망하는 예비 취업자들이 주로 이용하는 스피치 학원을 직장인과 기업 임원, 심지어 기업을 운영하는 대표들도 자주 찾는다. 말하는 법을 다시 배우고 품위 있게 걷는 법도 배우기 위해서다. 어른들이 걸음마 배우는 아이처럼 넘어지기를 반복하며 자신을 담금질한다. 배울 만큼 배우고도 또다시 '생존형 과외'에 자투리 시간과 돈을 투자하고 있는 것이다. 모두 불안사회가 만든 현상이다.

위로와 공감, 30초 리더십

속도와 함께 가성비가 요구되는 시대다. 투입되는 에너지보다 훨씬 더 많은 효과를 기대한다. 빠른 시간 안에 원하는 것을 모두 얻길 바란다. 다른 말로 하면 효율이다. '회의를 오래 하는 사람이 무능하다'고 생각하는 것도 효율을 따져본 결과다. TV 광고가 30 초를 넘지 않는 것도 효율 때문이다. 30초가 지나면 시청자는 곧바로 채널을 돌려버린다. 30초는 승부를 결정지을 수 있을 만큼 충분한 시간이다. 그래서 30초 리더십이 있는 건배사가 주목받고 있다.

건배사는 칭찬하고 격려하며 위로하는 힘이 있고, 용기와 지혜도 준다. 30초 정도의 짧은 시간이지만 그 속에는 꼭 귀담아들어 봄직한 내용이 있다. 그렇기에 건배사를 하는 사람이나 듣는 사람이나 그 순간만큼은 모든 것을 잊어버리고 집중한다.

'칭찬은 고래도 춤추게 한다'는 말이 유행하면서 칭찬하고 격려하는 문화가 자연스럽게 형성되었다. 최근에 칭찬과 격려가 담긴 건배사가 많이 등장하는 것도 이런 이유 때문이다. 하지만 불과 몇십 년 전까지만 해도 칭찬은 사치였다. 먹고살기도 바쁜데 칭찬할 겨를이 없었다. 그래서 그 당시 건배사에는 칭찬보다 독려가 더 많았다. 칭찬보다는 독려가 조직을 조금 더 활성화하고 생산성을 높일 것이라고 생각했고, 실제도 그랬다. 시간이 흘러 강제적인 독려나 비난보다 칭찬이 더 큰 효과를 보인다는 연구 결과가 속속 발표되었고, 칭찬하는 것에 사람들은 관심을 갖게 되었다. 매일 칭찬만 들었던 사과가 욕만 들었던 사과보다 훨씬 더 오랫동안 싱싱함을 유지했다는 것을 눈으로 확인했다. 칭찬이 과일의 성장에도 좋은 영향을 미친다는 것을 증명한 것이다.

이 책에서는 건배사를 통해 우리 삶의 이야기를 인문학적으로 풀어보려고 했다. '술 없는 모임은 있어도 건배사 없는 술 모임은 없다'고 할 정도로 두 사람 이상이 만나는 술자리에서는 축하하고 격려하는 시간을 가지게 마련이다. 보통의 건배사는 한번 웃고 그 자리에서 잊어버리는 경우가 많지만 감명 깊었던 건배사는 머릿속에 각인되어 널리 전파되기도 한다. '적자생존(적어야 산다)'이라고 우스갯소리를 하며 건배사를 메모했다가 써먹는 사람도 많다. 30초에 불과하지만 그 속에는 성공한 삶을 살아온 사람들의 철학과 지혜, 인문학적인 세계가 담겨 있다. 말하는 사람이나 듣는 사람 모두 술잔을 들고 있기 때문에 짧을 수밖에 없는 것이 건배사다. 술잔을 오래 들고 있을 수도 없다. 그래서 짧고 강렬한 건배사가 요구되고 그것을 준비한 사람이 더 환영받는다. 건배사를 30초 리더십이라고 하는 것도 그 때문이다.

인생은 아름다워

술잔을 비우는 것은 '새 잔을 채우기 위한 준비'라는 의미가 있다. 기존의 틀은 버리고 새로운 틀을 마련하는 것이다. 건배로 기존의 마음을 비우고 새로운 마음을 채운다. 술잔을 비운다는 것은 곧 나를 내려놓는 것이며, 나를 변화시키는 의식이다. 건배와 곁들이는 건배사는 짧은 시간을 조금 더 아름답고 행복하게, 그리고 전혀 다른 상황으로 만들 수 있다. 평범한 사람을 사장으로, 연예인으로, 마음만 먹으면 대통령으로도 만들 수 있다. 건배사 한마디만 잘해도 술값 정도는 내지 않아도 된다. 그야말로 매직이다.

기업의 CEO만큼 바쁜 사람도 없다. 오찬 모임부터 시작해 아침 회의, 점심 미팅, 오후 회의, 저녁 약속까지 가히 '살인적'이라고 할 만큼 빡빡한 일정을 소화한다. 그래서 그들에게 필요한 것은 순발력과 속도의 시대에 맞춘 센스 있는 리더십이다. 30초 리더십이 있는 건배사는 그런 리더들을 위해 탄생되었다. '위하여' 같은 식상한 건배사는 잊어버리고 여러 사람이 공감하고 공유할 수 있는 스토리와 인사이트가 담긴 건배사 하나쯤은 머릿속에 담아두거나 수첩에 메모하자.

건배사를 하는 동안 당신은 산이 되고 바람이 되고 물이 된다. 사람들에게 푸르른 휴식을 줄 수 있어 산이고, 비행기 태워주듯 기분 좋게 띄워주니 바람이며, 잔잔한 감동이 살포시 가슴을 적시니 물이다. 이탈리아의 영화감독이자 배우 로베르토 베니니는 영화 〈인생은 아름다워〉를 통해 "힘들지만 이겨낼 만큼 소중한 가치가 있는 것이 바로 인생"이라고 이야기했다. 오늘 모인 소중한 이들의 아름다운 인생을 위해 멋진 건배사로 축복함이 어떠한가?

'30초 리더십'을 쓰기 위해 그동안 많은 고민을 했습니다. 술을 잘 마시는 것도 아니면서 술자리는 좋아한다는 명목하에 건배사를 쓴다는 것 자체가 모순된 일이 아닐까? 사람들이 환호할 만큼 멋진 건배사를 한 적도 없는데 잘 쓸 수 있을까? 건배사를 해야 할 차례가 되면 식탁 밑으로 스마트폰을 뒤져 멋진 문구를 검색해 보지만 대부분 말장난이고, 스토리와 감동이 있는 건배사를 찾기가 쉽지 않았습니다.

그래서 생각했습니다. 스토리와 감동, 그리고 인문학적 함의까지 담긴 건배사를 찾아보는 것이 어떨까? 건배사를 들어보면 대부분 칭찬하고 감사하고 응원하고 격려하는 말입니다. 일상생활에서는 꺼내기 쉽지 않았던 좋은 말들이 많습니다. 그래서 놀랐습니다. 이미 우리는 건배사를 통해 상대를 칭찬하고 응원하는 데 익숙해 있었던 것입니다. 하지만 술잔을 기울이며 전하는 건배사는 그저 잠깐 감탄하고 박수치면서 잊어버리는 찰나의 인문학 수준이었습니다. 그래서 건배사에서 찾아낸 인문학적인 함의를 많은 사람들과 나누기 위해 다양한 이야기로 재구성하기로 했습니다. 좋은 말들을 건배사를 통해 정리하고 많은 사람들이 읽을 수 있도록 하는 일이 뜻깊고 가치 있는 일이라 생각하고 열심히 자료를 찾고 정리했습니다. 특히 올바른 기업가정신을 전달하기 위해 기획했던 '기업가정신 콘서트'가 많은 기업인들에게 알려지고 사랑받는 모습을 보면서 '30초 리더십'이 바쁜 기업인들에게 조금이라도 인문학적 인사이트를 줄 수 있을 것이라고 확신합니다.

기업가를 포함해 리더들은 힘들고 외로운 자리에 있습니다. 많은 도전에 직면하고 목표에 도달하기 위해 싸우고 있습니다. 그들이 한 줄의 글을 통해 자신감을 되찾고 부족한 열정을 채우는 계기가 되기를 바랍니다. 리더를 꿈꾸는 사람들도 책을 통해 세상을 달리 볼 수 있는 인사이트를 얻기를 희망합니다. 이제 짧지 않은 기간 동안 틈틈이 써왔던 '30초 리더십'의 여정을 마무리하게 되었습니다. 그동안 흘려들었던 술자리의 건배사에도 인생에 도움이 되는 무언가가 조금은 있다는 것을 알게 된다면 이 책의 가장 큰 보람이 될 것입니다.

아무런 조건 없이 행운과 행복과 건강을 기원해 주는 건배사처럼 세상의 모든 사람들이 서로 격려하고 복을 기원해 주기를 소망합니다.

책이 출간되기까지 그동안 정신적인 힘을 주신 한국경제TV의 송재조 대표님과 방규식 상무님, 조주현 이사님, 오연근 보도본부장님, 그리고 김형배 부장님께 특별히 감사드립니다. 또한 '기업가정신 콘서트'를 통해 대한민국 기업가들의 기업가정신을 세상에 널리 알리기 위해 노력하시고 출판까지 흔쾌히 결정해 주신 스타리치 어드바이져의 김광열 대표님과 이혜숙 이사님, 권대웅 실장님, 한수지 팀장님께도 감사드립니다.

마지막으로 늘 사랑으로 감싸주시는 양가 부모님과 언제나 변함없는 지지와 응원을 보내주는 영원한 내 사랑 아내 임경화 님, 멋진 남자 큰아들 정민수와 항상 다정하고 듬직한 딸 정민교, 그리고 늦둥이로 태어나 우리 집의 보물이 되어준 막둥이 정민결에게도 따뜻한 사랑과 감사를 보냅니다.

2018년 11월 어느 가을날

차 례

Part 4 재미와 감동이 있는 건배사

Part 5 이럴 땐 이렇게!
건배사 시나리오

저는 누구일까요?

저는 이른 아침 커피 한잔 속
따스함을 바라보며
하루 일을 시작합니다.

높은 곳에서
큰 소리로 사람들을 불러보지만
들리지 않는지
저를 잘 쳐다보지 않습니다.

남들은 앞만 보고 죽어라 뛰지만
저는 뒤도 봐야 하고 옆도 봐야 하고
때로는 가던 길을 되돌아가기도 합니다.
그래서 더 힘들고 외롭습니다.

모든 사람들이 이곳을 떠날지라도
혼자 남아 모든 것을 지켜내야 합니다.
그래서 더 외롭습니다.

하지만

다시 아침이 되면 오늘도 어제와 같이
커피 한잔을 준비합니다.
그 속에서 올라오는 따스함을 바라보며
다시 하루를 시작합니다.
.

.

저는 누구일까요?

남들은 저를
리더라고 부릅니다.

건배사의 유래

옛날 서양 사람들은 상대가 따라준 술잔에 가볍게 입술을 대고 한 모금만 마셔 본 다음 본격적으로 술을 마셨다. 유목과 무역이 빈번해 항상 낯선 사람들과 어울리는 자리가 많아 서로를 의심하지 않을 수 없었기 때문이다. 이때 서로의 술잔에 독이 들어 있지 않다는 것을 확인해 주는 방법으로 잔을 거꾸로 들어 빈 잔을 보여주었고, 이것이 건배의 유래가 되었다는 설이 있다. 이처럼 건배는 불신을 없애기 위해 시작되었다. 하지만 현재는 화합과 소통의 장을 마련하는 도구가 되었고, 건배사를 곁들여 서로의 건강과 발전을 기원한다.

PART 1

리더의 건배사

보스는 '가라' 말하고 리더는 '가자' 말한다.
보스는 '나'라고 말하고, 리더는 '우리'라고 말한다.

그대는 보스인가, 리더인가?

리더십은 궁극적으로, 대단한 일을 해내는 데 사람들이 공헌하는 방법을 만들어내는 것이다. 독재자 아돌프 히틀러는 명령이 담긴 손짓으로 대중을 이끌었고, 미국 최초의 흑인대통령 버락 오바마는 부드러운 음성과 미소로 대신했다. 동그라미와 네모가 서로 같을 수 없는 것처럼 리더는 저마다 다른 방식으로 자신만의 색깔을 만들어낸다. 중요한 것은 리더가 만든 색을 다른 사람들도 동일하게 바라볼 것이냐 하는 점이다. 이때 필요한 것이 바로 상호 간의 이해와 소통이다.

갈매기

갈수록 / 매력 있고 / 기분 좋은 사람

두 마리의 개 그리고 정서적 난쟁이를 경계하라

두 마리의 개가 있다. 한 마리는 주인보다 앞서가기 위해 기를 쓰고, 한 마리는 한 걸음도 가지 않으려고 아예 바닥에 주저앉아 질질 끌려가고 있다. 앞서가려는 개와 바닥에 엉덩이를 붙이고 가지 않으려는 개. 둘을 통제하기가 너무나 힘들었는지 건장한 체구의 남자도 쩔쩔매는 모양새다.

인간의 마음속에도 두 마리의 개가 있다고 한다. 한 마리는 선입견犬이고 다른 한 마리는 편견犬이다. 선입견은 주위를 살피지 않고 무조건 앞서가려 한다. 그렇기 때문에 깊이 생각하지 않고 처음에 마음먹은 생각을 끝까지 밀어붙이려고 한다. 편견은 앞으로 가보지 않았는데도 그쪽 상황을 미리 단정 짓고 자기 생각만을 고집한다. 얼핏 모양새와 행동이 다른 것 같지만 한번 마음속에 들어오면 좀처럼 바깥으로 나가지 않고 고집스럽게 자리를 지킨다는 공통점이 있다.

〈꼬마 니콜라〉를 제작한 로랑 티라르 감독의 로맨틱 코미디 영화 〈업 포 러브Up for Love〉의 여주인공 디안은 176센티미터나 되는 훤칠한 키에 미모까지 겸비한 변호사다. 어느 날 그녀는 알렉산더라는 남자를 만나 처음 본 순간 그만 사랑에 빠진다. 그런데 문제가 하나 있다. 남자는 그녀보다 키가 40센티미터나 작은 왜소증이었다. 하지만 처음에는 그의 여유 있고 자신감 있는 태도에 반해 작은 키를 대수롭지 않게 생각했다. 그러나 난쟁이라 조롱하는 전 남편과 엄마의 반대가 이어지자 그와의 교제를 두고 심각한 고민에 빠지게 된다. 주위의 시선이 불편해질 무렵, 디안은 함께 근무하는 비서로부터 정신이 번쩍 드는 말을 듣게 된다. "당신이야말로 난쟁이야. 정서적 난쟁이. 심장도 콩알만 하고 감정도 콩알만 해. 하지만 그게 정상이야. 어릴 때부터 편견 속에 커왔으니까. 조금만 달라도 못 받아들이지."

리더는 '선입견'과 '편견'이라는 두 마리의 개를 경계해야 한다. 선입견에게 질질 끌려가거나, 편견에 가로막혀 앞으로 가지 못하고 오히려 뒤로 넘어질 수 있다. 두 마리의 힘이 동시에 너무 강하면 앞뒤 어떤 방향으로도 가지 못하고 제자리에서 빙빙 맴돌 수

밖에 없다. 리더에게 방향을 잃는 것만큼 치명적인 것이 없다. 방향을 잡지 못하면 더 이상 리더가 아니다. 방향 제시를 하지 못하면 추종자들이 떠나고 결국 혼자 남기 때문이다. 선입견과 편견을 멀리하기 위해서는 주변을 잘 살펴야 한다. 한 마리라도 내 안에 들어와 있는지 점검해 볼 필요가 있다. 내 안에 있다면 하루라도 빨리 내보내야 한다.

선입견과 편견은 가까이하기는 쉬워도 떼어내기는 힘들다. 설사 떼어냈다 하더라도 잠시 한눈팔다 보면 어느새 내 앞과 뒤에 떡하니 버티고 있다. 빈틈이 보이면 그 사이를 비집고 들어온다. 내공이 강하고 생명력이 길어 웬만한 충격에도 끄떡하지 않는다. 그래서 선입견과 편견이 무섭다. 거울 앞에 서서 당신이 정상인인지 '정서적 난쟁이'인지 스스로에게 질문해 보자. 거울 속 당신이 대답 없이 가만히 침묵한다면 이미 정서적 난쟁이다. 침묵은 변화가 두려워 편견과 선입견을 멀리 쫓아버릴 수가 없다는 신호이기 때문이다.

오늘 자리를 함께한 사람들과 나 사이에 두 마리의 개가 자리를 잡았는지 살펴보자. 혹시라도 개가 보인다면 그동안 나의 모습이 정서적 난쟁이였다는 점을 알아야 한다. 쉽게 내보낼 수는 없겠지만 오늘 나의 모습을 변화시키는 계기가 되어야 한다. 선입견

과 편견을 멀리하고 갈수록 매력 있고 기분 좋은 사람이 되기 위
하여 건배사를 외쳐보자.

갈수록 매력 있고 기분 좋은 사람
"갈매기!"

우리가 함께라면 사막도 바다가 돼.

방탄소년단 제이홉

편견이란 그것을 향해 달려갔던 사람들의 머리에

피를 흘리게 하여 되돌아가게 하는 벽이다.

요한 네스트로이

어느 날 아침에 일어났는데

모든 사람이 동일한 인종, 신념, 피부색이란 사실을 발견한다면,

우리는 정오까지 편견을 갖기 위해 또 다른 이유를 찾을 것이다.

조지 에이큰

당신멋져

당당하고 / 신나고 / 멋지게 살되 가끔은 / 져주자

지는 사람이 아니라 져주는 사람이 돼라

'불치하문不恥下問'이라는 사자성어가 있다. 중국 위나라에 공어孔圉라는 사람이 죽은 뒤 문文이라는 시호를 받아 사람들은 그를 공문자孔文子라고 불렀다. 그런데 생전에 행실이 좋지 않았음에도 문文이라는 시호를 받은 것을 의아하게 생각한 자공子貢이 스승인 공자에게 물었다. "선생님, 공문자는 남의 아내를 탐내는 등 평소에 행실이 나빴는데 왜 시호를 문文으로 받았습니까?" 공자의 대답은 이랬다. "그는 배우기를 좋아해 아랫사람에게 묻는 것을 부끄럽게 여기지 않았기 때문에 시호를 문文이라 한 것이다敏而好學 不恥下問 是以謂文也."

인간은 누군가에게 명령하고 군림하고 싶은 본능을 가지고 있다. 군림하지 못하거나 오히려 군림을 당하는 상황이 발생하면 그동안의 평온은 깨지고 불안정한 상태가 된다. 이런 상황이 오래가면 관계 형성이 어려워지고 함께하는 울타리에서 도망가기 일쑤다. 모든 일은 이기지 못한 것에 대한 불만에서 비롯된다. 욕심으로만 배를 채우다 보니 마음을 채울 만한 여유가 없다.

열심히 공부해서 성공한 사람, 열심히 일해서 성공한 사람, 정말로 운이 좋아서 성공한 사람 등 성공이라는 목표는 같지만 과정이 다른 사람들이 참으로 많다. 그런데 많은 사람들은 '성공은 이기는 것'이라는 믿음을 가지고 있다. 누군가 또는 무엇인가와의 경쟁에서 이기는 것이 성공한 것이라고 생각한다. 틀린 말은 아니다. 하지만 이기는 것보다 훨씬 더 어렵고 가치 있는 것이 져주는 것이다. '지다'에는 두 가지 의미가 있는데, '경쟁에서 탈락한다는 것'과 '물건을 어깨에 얹다'는 뜻이다. 전자는 실패한다는 것이고, 후자는 부담을 떠안는다는 것으로 둘 다 부정적인 의미다. 하지만 '지다'를 살짝 바꿔 '져주다'로 고치면 의미가 달라진다. 상대를 배려하는 양보의 마음이 담겨 있다. 상대의 생각이나 주장을 받아들인다는 것이 내가 굴복하고 낮아진다는 것을 의미하지는 않는다. '수동적 받아들임'이 아닌 '능동적 받아들임'의 차이다. 내가 주도적으로 상대를 이해하고 받아들이는 것은 지는 것과 져주는 것을 넘어서 '관용'으로 승화된다. 이해와 배려, 져줌과 관용은 오히려 나를 높이고 큰 인물로 성장하는 밑거름이 된다. 지는 사람에서 져주는 사람이 될 때 세상을 더 크게 보는 진정한 리더로 거듭날 수 있다. 져주는 것은 남을 위한 행동이기에 앞서 나를 위한 것이

다. 저줌으로써 나를 비우고 새로운 것을 채움으로써 더 발전할
수 있다. 조상들이 훌륭한 인물을 두고 '그릇이 크다'고 말한 것도
담기보다는 비우는 것에 더 큰 비중을 두었기 때문이다. 비운다는
것은 곧 더 담을 수 있다는 것을 의미한다.

　당신의 그릇은 어떠한가? 오늘도 담긴 것을 놓치지 않기 위해
무엇인가를 꼭 붙잡고 있는가? 오늘은 당신의 그릇을 비우고 당당
하게 저주자. 결국 당신의 빈 그릇에 더 많은 것이 채워질 것이다.

　당당하고 신나고 멋지게 살되 가끔은 저주자
　"당신멋져!"

●

조용한 물은 깊이 흐른다.

릴리

● ●

좋은 글은 하늘에 그려지고, 좋은 말은 가슴에 그려진다.

미상

● ● ●

나를 알아주지 않는다고 불평하지 말고

남을 알지 못함을 걱정하라.

《논어》 중에서

예술가들이 사랑한 악마의 술, 압생트

강력한 환각성과 중독성 때문에 '악마의 술'이라 불렸던 압생트는 설탕과 물을 넣으면 초록색에서 하얀색으로 변한다. 독특한 향과 절묘한 맛, 저렴한 가격으로 19~20세기에 활동한 예술가들이 압생트를 즐겼다. 고된 현실 속에 살아가는 가난한 예술가들은 환각 증상을 일으키는 성분 때문에 잠시나마 괴로움을 잊고 위로받을 수 있었기에 좋지 않은 줄 알면서도 멀리할 수 없었다.

프랑스의 시인 아르튀르 랭보와 빅토리아 여왕 시대에 가장 뛰어난 극작가로 평가받았던 오스카 와일드, 그리고 〈꽃을 든 여인〉으로 유명한 프랑스 화가 에드가 드가도 압생트를 즐겼다고 한다. 천재 화가 빈센트 반 고흐가 노란색을 유독 많이 사용한 것도 압생트에 중독되어 노란색 집착증인 황시증에 걸렸기 때문이라는 주장도 있다. 압생트는 이후 환각 증세와 신경 손상, 발작 등의 부작용 때문에 유럽 전역에서 판매가 중단되었다. 그러나 1981년 유럽공동체의 합법화 결정으로 유해 성분과 중독 요인이 제거된 상태에서 다시 판매되기 시작했다. 가난한 예술가들이 사랑한 악마의 술, 압생트는 그렇게 부활했다.

돈키호테

돈 많고 / 키 크고 / 호탕하고 / 테크닉 좋은 남자, 누구?

리더의 자리는 높아질수록 눈에 잘 띈다

"위대하신 여러분, 과연 누가 미친 것입니까? 장차 이룩할 수 있는 세상을 꿈꾸는 내가 미친 것이오? 아니면, 세상을 있는 그대로만 바라보는 사람들이 미친 거요?" 《돈키호테》 중에서

역사상 가장 위대한 작가 두 명이 공교롭게도 같은 날 유명을 달리했다. 유네스코는 이날을 기리기 위해 '세계 책의 날'로 지정했다. 한 명은 영국이 낳은 세계적인 대문호 셰익스피어이고 한 명은 소설가이자 시인, 극작가인 스페인의 자랑 세르반테스다.

세르반테스는 첫 근대소설로 평가받는 《라만차의 돈키호테》에서 '돈키호테'를 창조했다. '창을 들고 풍차를 향해 돌진하는 미친 기사' 돈키호테. 우리는 엉뚱하거나 특이한 행동을 하는 사람을 가리켜 '돈키호테 같다'고 한다. 하지만 불의를 보면 참지 못하고 도

둑들에게 수차례 얻어맞고도 다시 덤벼드는, 무모하지만 해야 할 일은 하고야 마는 돈키호테는 도전을 두려워하지 않는 인물의 대명사다.

이룰 수 없는 꿈을 꾸고
이길 수 없는 적과 싸우며
이룰 수 없는 사랑을 하고
견딜 수 없는 고통도 견디고
잡을 수 없는 저 하늘의 별도 잡자.

《돈키호테》 중에서

책을 많이 읽어 잘난 척을 잘하는 돈키호테는 세상의 문제가 기사도의 결여에 있다고 생각하고 방랑기사가 되어 원정을 떠난다. 여기서 돈키호테가 말하는 기사도는 요즘으로 말하면 리더십이다. 돈키호테가 "주인이 부주의하면 부하들은 수치심을 잊고 과실을 저지르고 실수를 해도 아무렇지 않게 생각한다"고 말하는 장면에서 그의 리더십 이야기는 계속된다. 리더가 되면 그동안 겪었던 고생을 떨칠 수 있는 것이 아니라 오히려 그 이상의 짐을 짊어지게 된다. 그리고 남들보다 높은 자리에 혼자 서야 한다. 아무도 올라올 수 없는 자리이지만 오히려 남들에게 가장 잘 보이는 자리다. 그렇기 때문에 리더는 말 한마디 행동 하나에 신중해야 하며 주변을 잘 살펴야 한다. 리더가 조금만 부주의해도 부하들은 금방 선을 넘는다. 높은 곳에 있다고 해서 모두를 지켜볼 수 없기 때문이다. 그리고 자신의 움직임에 따라 모든 것이 달라질 수 있는 위치에 있기 때문에 열 개를 잘해도 하나만 잘못하면 리더와 조직에는 치명적인 결과가 올 수 있다.

자신의 심복인 산초가 섬의 총독이 되었을 때 돈키호테는 이렇게 말했다. "산초야, 네가 백성들의 마음을 얻으려면 누구에게나 예의 바르게 행동해야 하고, 식량이 풍부하게 만들어줘야 한다. 백성을 굶기면 안 된다." 리더에게 요구되는 또 하나는 바로 사람들의 마음을 얻는 것이다. 하지만 눈에 보이는 것을 얻는 것보다 마음을 얻는 것이 훨씬 어렵다. 다양한 얼굴만큼이나 마음도 다양해 마음을 얻기란 지나가는 바람을 붙잡아 내 곁에 두는 것만큼 힘들다. 그래서 역사에 기록된 리더들은 자신의 곁에 두고 믿을 만한 사람을 찾기 위해 평생을 바쳤다.

마음은 경청과 공감, 대화와 섬김, 희생과 사랑으로도 얻기 힘들다. 무엇보다 중요한 것은 내 마음을 먼저 보여주는 일이다. 나부터 문을 활짝 열어야 상대의 문도 활짝 열린다는 진리는 과거나 지금이나 다르지 않다. 진정성을 갖추고 내 마음을 먼저 열고 진심을 보이면 마음의 문을 굳게 달았던 사람들도 하나둘씩 그 문을 열게 될 것이다.

　오늘은 우선 당신 앞에 앉아 있는 사람들의 마음을 얻기 위해 라만차의 돈키호테를 기이한 목소리로 힘차게 불러보자.

　돈 많고 키 크고 호탕하고 테크닉 좋은 남자, 누구?
　"바로 당신!"

●

사람의 마음을 얻는 것은 우주를 얻는 것과 같다.

미상

● ●

마음을 얻는다는 것은 한 사람을 내 편으로 만드는 것이기에

수많은 시간과 노력이 필요하다.

미상

고사리

고마움과 / 사랑을 아는 / 리더들을 위하여

감사는 성공한 사람들의 공통 언어다

스코틀랜드 스털링 대학교 연구진이 성인 남녀 186명을 대상으로 조사한 결과 긍정적인 생각을 가지고 주어진 삶에 감사하는 사람이 그렇지 않은 사람에 비해 심장병 발병 확률이 3분의 1 정도 낮은 반면 면역력은 평균보다 1.4배 높다고 발표했다.

" '감사합니다'라는 말이 혀에 붙기 전까지 아이에게 아무 말도 가르치지 말라" 는 유대인의 격언이 있다. 인성교육이 잘되어 있는 유대인의 격언인 것을 보면 감사를 표현하기가 얼마나 힘들고 중요한지를 알 수 있다.

사람의 말은 장미꽃처럼 향기롭지만 꽃 아래 감춰진 가시로 상대를 찔러 상처를 줄 수도 있다. 그래서 좋은 말은 약이 되지만 말로 상처를 입으면 육체의 상처보다 더 오래가고 더 깊은 흉터가 남는다. 말은 관계를 튼튼히 하는 동시에 무너뜨릴 수도 있어 입

밖으로 나오는 순간 천사 혹은 악마가 된다. 감사는 단순한 말 한마디가 아니라 관계를 더욱 튼튼하게 해주는 마중물이자 치유제와 같다. 감사는 삶의 윤활유와 같아서 엉켜버린 실타래의 끝을 찾아 원상태로 돌아오게 하는 힘이 있다.

미국의 유명한 여성 앵커이자 기자인 데보라 노빌은 자신의 책 《감사의 힘》을 통해 그동안 인터뷰했던 수많은 사람들 중에 성공한 사람들의 공통점이 바로 '감사합니다Thank you'를 습관처럼 말하는 것이라고 전했다. '감사합니다'를 말하는 데는 평균 0.3초밖에 걸리지 않아 '0.3초의 기적'이라고 말하면서, '감사합니다'를 습관처럼 말하는 사람들이 성공의 자리에 앉았다고 말했다. 결국 감사는 성공한 리더들의 공통 언어라 할 수 있다.

최근 감사 일지를 쓰는 사람들이 늘고 있다. SNS에 일기를 쓰듯 감사한 일들을 올린다. "오늘 아침에 무사히 출근하게 해주어 감사합니다. 동료와 함께 차 한잔 나누며 고민을 털어놓을 수 있어 감사합니다. 두 손으로 식사를 할 수 있어 감사합니다. 모든 것에 감사합니다."

약속 시간에 늦었을 때 '늦어서 미안합니다'보다는 '기다려줘서 고맙습니다'라고 말해 보자. 고맙다는 말을 들으면 비록 기다리다 지쳐 조금은 짜증났더라도 어느새 그 마음은 사라지고 오히려 자신이 너그럽게 기다려준 좋은 사람이라는 기분에 뿌듯함과 행복감을 느낄 수도 있다. 늦은 사람도 감사의 말 한마디로 인해 품격을 올리게 된다. 이것이 '감사와 고마움의 힘'이다.

오늘 자리를 함께한 일행들에게 감사한 마음을 전해 보자. 무엇이든 감사한 것을 찾아내 감사하다고 말해 보자. 감사는 세 사람을 살린다고 한다. 감사함을 말하는 사람, 감사함을 받는 사람, 그리고 감사함을 듣는 사람이다.

감사는 행동이고 실천이다. 마음속으로 감사한 마음을 가지는 것은 아무 소용이 없다. 1톤의 생각보다는 1그램의 실천이 중요한 것처럼 행동하지 않는 생각은 헛된 공상이나 다름없다. 감사하는 마음도 목을 타고 입 밖으로 나와야 상대방에게 전해질 수 있다. 인간을 아름답다고 말할 수 있는 것은 외모 때문이 아니라 행동하고 실천하기 때문이다. 종이 울리지 않으면 누가 종이라고 부를 수 있겠는가? 적극적으로 감사하다고 말해야 당신의 감사하는 마음이 더욱 빛날 것이다.

고마움과 사랑을 아는 리더들을 위하여
"고사리!"

건배사 멋지게 하는 10가지 방법

하나. 어차피 차례는 돌아온다. 손을 먼저 들어라.

    등 떠밀려서 하는 것보다 멋있어 보인다.

둘. 건배사 하기 전에 5초 정도 주변을 둘러보라.

    잠시의 침묵은 모두를 집중하게 만든다.

셋. 지나치게 유식한 표현은 독이 될 수 있다.

    좋은 말도 오래 들으면 잔소리가 된다.

넷. 재미와 감동과 스토리가 있어야 한다.

    이 세 가지면 최고의 건배사다.

다섯. 건배사는 말하지 말고 노래하라.

    노래를 부르듯 강약과 장단을 넣어라.

여섯. 모두의 눈을 마주쳐라.

    술잔만 마주치지 말고, 눈까지 마주쳐야 한다.

일곱. 건배사는 최대한 30초 만에 끝내라.

    오래 끌면 귀에 들어오지도 않고 팔도 아프다.

여덟. 좋은 문구를 인용하라.

    사람들은 명언에 귀 기울인다.

아홉. 산꼭대기를 향해 올라가듯 마지막에 힘을 주어라.

    처음은 부드럽게 나중은 힘차게 끝맺어라.

열. 마무리는 반드시 박수로 끝내라.

    나의 건배사를 더욱 빛나게 하고 건강에도 좋다.

감사는 최고의 항암제요 해독제요 방부제다.

존 헨리

호랑이를 왜 만들었냐고 하나님께 투정하지 말고
호랑이에게 날개를 달아주지 않은 것에 감사하라.

인도 속담

네가 가지고 있는 것들에 감사하는 법을 배울 때까지
네가 원하는 것을 얻지 못할 것이다.

《365 Thank you》중에서

통통통

의사소통 / 운수대통 / 만사형통

지식의 저주에 빠지지 마라

사진 한 장으로 11억 원을 버는 사람이 있다면 믿을 수 있을까? 아무리 유명한 사진이라 해도 한 장에 그만한 돈을 받는다는 것은 거의 불가능해 보인다. 하지만 실제로 그런 사람이 있다. 미국 모델 겸 방송인으로 활동 중인 카일리 제너라는 여성이다. 1억 명이 넘는 팔로어를 보유한 SNS 스타로 그녀가 사진 한 장을 게시할 때마다 발생하는 광고 수익과 기타 부가 수입 등을 모두 합치면 약 100만 달러의 가치가 있다고 한다. 21세에 포브스가 선정한 최연소 자수성가 억만장자에 이름을 올려 세계를 깜짝 놀라게 했고, 23세에 억만장자가 된 페이스북 창업자 마크 저커버그보다 2년이 빠르다는 사실이 알려지면서 세계를 한 번 더 놀라게 했다. 평범했던 그녀를 최고의 셀럽으로 만든 힘은 바로 소통이었다.

미국의 심리학자 뉴턴은 소통에 대한 실험을 진행했다. 두 명이

짝을 지어 한 사람에게는 누구나 알 만한 노래를 마음속으로만 부르면서 손으로는 멜로디에 맞춰 탁자를 두드리게 하고 나머지 한 사람은 어떤 노래인지 알아 맞히게 했다. 실험을 지켜보는 사람들은 상대가 두드리는 소리만 듣고도 노래를 알아 맞힐 확률이 50퍼센트라고 예상했지만 결과는 2.5퍼센트에 불과했다. 익숙한 멜로디였기에 상대가 쉽게 맞힐 수 있다고 생각했지만 상대는 그저 탁자를 두드리는 소리밖에 들을 수 없었다. 이 실험을 통해 사람들은 자신이 알고 있는 것을 상대방도 알 것이라고 착각하는 경향이 있다는 것을 알 수 있으며, 이를 두고 '지식의 저주Curse of Knowledge'라고 명명했다.

인간관계에서도 '지식의 저주' 현상은 흔히 나타나는데 보통 대화에서 많이 볼 수 있다. 좋은 뜻으로 말한 것이 오히려 상대에게는 상처가 되는 경우가 그렇다. 내 머리에서 출발해 입을 통과하고 공기를 거쳐 상대의 귀에 들어간 말이 본래의 모습과는 전혀 다르게 상대의 뇌리에 그려지는 경우다. 대화를 나누면 무조건 소통이 될 것이라고 생각하지만, 이는 상당히 위험한 발상일 수 있다. 상대도 자신처럼 생각할 거라고 믿으면서 건네는 말은 착각을 낳고 오해로 이어져 올바른 소통을 방해한다. 내가 상대를 위로하기 위해 꺼낸 말이 오히려 상대의 아픈 곳을 건드려 더 상처받기도 한다. 하지만 말을 건넨 사람은 일단 상대가 위로받았다고 생각하기 쉽다.

조직의 소통은 개인 간 소통보다 훨씬 더 힘들고 어렵다. 수많은 사람들의 다양한 의견이 교차되는 상황에서 하나로 조율하는 것이 사실상 불가능하다. 그래서 한 사람의 의견에 조직 전체가 동조하기도 하고, 조직 전체의 의견에 따라 한 사람의 의견이 무시되기도 한다. 의사소통을 위한 다양한 노력들이 펼쳐지지만 그 속에서 보이지 않는 공방이 펼쳐지고 있다. 따라서 조직의 리더는 소통에 많은 시간을 할애한다.

사람들이 모이는 곳에는 반드시 리더가 있다. 회사에는 사장이 있고 학교에는 교장이 있다. 친구들끼리 모이는 동창회에도 리더가 있다. 어떤 리더가 선출되고 어떻게 행동하느냐에 따라 조직의 색깔이 달라지고 방향이 결정된다. 그 속에서 리더는 본능적으로 소통에 힘쓰지만 모든 리더가 소통에 탁월한 것은 아니다. 부하직원의 입장에서는 불통의 사장, 자식의 입장에서는 일방통행인 아버지일 수 있는 것과 마찬가지다. 그렇기에 소통이 잘되고 있다고 방심해선 안 되며, 특히 '지식의 저주'를 경계해야 한다.

이를 위해 내가 한 말보다 상대가 무엇을 들었는지를 살펴야 하고 내 뜻과는 전혀 다르게 전해지는 것을 막기 위해 상대가 어떻게 이해했는지, 제대로 이해했는지 파악할 필요가 있다. 리더라면 이런 일들을 더 신경 써야 한다. 조직과 연결되어 있기 때문이다. 이런 일 하나하나가 번거롭고 쉽지 않다. 하지만 확인만이 지식의 저주를 막을 수 있다. 소통을 위해 노력하지 않으면 불통이 만든 통증은 상당히 오래갈 수 있다.

급체했을 때 손가락을 따서 피를 통하게 하면 신기하게도 체기가 내려가는 경험을 해봤을 것이다. 과학적인 근거가 없는 민간요법이긴 하지만 이것만큼 빨리 속을 편안하게 해주는 방법이 없다. 인간관계도 마찬가지다. 서로의 생각과 말이 부딪혀 갈등을 빚게 되면 관계는 통하지 못하고 급체하게 된다. 이때 신속하게 처방해야 하는 것은 의사소통이다.

만사형통이 될 수 있도록 앞에 앉은 사람들과 멋진 건배사로 소통하는 시간을 만들어보자. 의사소통이 만사형통의 출발점임을 꼭 기억하자.

의사소통, 운수대통, 만사형통

"통통통!"

적중이지 適中而止 세종의 술자리 전략

세종대왕은 우리나라 국민들이 가장 존경하는 역사 인물로 정치, 경제, 사회, 문화, 음악에 이르기까지 그 누구도 따라올 수 없는 업적을 이뤘다.《태종실록》을 보면 아버지 태종은 세종에 대해 "술은 마시지만 중간에 적당히 그치는 절제력이 있다適中而止"고 말하며 넘치지도 않고 부족하지도 않은 그의 성품을 칭찬했다. 재위에 오른 세종은 국정 운영에 있어서도 신하들의 의견에 무조건 따르거나 무조건 밀어붙이지도 않고 적당한 시간과 간격을 두어 모두가 만족하는 대안을 제시했다고 한다. '적중이지'의 정신으로 한쪽의 쏠림 없이 합리적인 결과를 마련했던 세종은 우리 역사상 최고의 리더이자 성군으로 칭송받고 있다.

작은 일에 대해 의사 결정을 할 때는
'예' 또는 '아니오'를 그 자리에서 명쾌하게 말하고,
큰일에 대해서는 결정을 미뤄라.
작은 일에 시간을 끌면 무능하다고 생각하고,
큰일에 대해 너무 빨리 결정을 내리면
신중하지 못하다고 생각한다.

밴 플리트 장군

말을 독점하면 적이 많아진다.

유재석(방송인)

깊이 듣고 다정하게 말하는 것이 커뮤니케이션의 기술이다.
다정하게 말하는 것에는 돈이 들지 않는다.

베트남 속담

카리스마

카메라를 봐주세요 / 이를 보여주세요 / 스마일 / 마치겠습니다

동기부여가 리더십을 만든다

'칼 있으마'라는 말이 한때 유행한 적이 있다. 한 개그맨이 방송에 나와 허리춤에서 칼을 꺼내 드는 시늉을 하며 카리스마와 발음을 비슷하게 하여 '칼 있으마'를 외친다. 개그맨의 입을 통해 퍼지게 되었지만 카리스마라는 말이 널리 알려진 계기였다. '카리스마charisma'는 '하나님이 주신 재능'이라는 뜻의 그리스어 '카리스마타kharismata'에서 나온 말로, 현재는 '재능'이라는 본래의 뜻보다 '권위에 의한 강한 리더십'의 의미로 쓰인다.

강한 카리스마적 성격을 가진 사람에게는 쉽게 도전하지 않는다. 강력하게 밀어붙이는 모습에 사람들은 '예스yes'를 외치며 순종한다. 리더라면 모름지기 카리스마가 있어야 한다고 생각해 왔다. 하지만 지금은 상황이 달라졌다. 지시와 순종을 리더십의 미덕으로 여겼던 과거와는 달리 협력과 소통이 리더십의 우선적 요소

로 평가된다. 그래서 협력하고 소통하기 위해 노력하는 리더가 존경받는다.

협력과 소통의 리더십 중에 주목받는 것이 서번트 리더십Servant Leadership이다. '서번트'는 '종', '하인'을 의미하는 것으로 나를 낮추고 상대방을 올리는 리더십이다. 로버트 그린리프Robert K. Greenleaf는 "서번트 리더십은 인간 존중의 정신으로 직원을 섬기고 잠재력과 창의력을 발휘할 수 있도록 기회를 제공해 성장을 돕는 것이며, 구성원이 공동체를 이룰 수 있도록 지원하는 리더십이다"라고 정의했다. 일방적으로 지시를 내리고 통제하던 피라미드형 조직은 약화되고, 오히려 리더가 직원들이 성장할 수 있도록 돕는 구조로 변했다.

서번트 리더십을 위해 가장 요구되는 것이 바로 동기부여다. 동기는 자동차 엔진을 돌아가게 하는 휘발유와 같아서 어떤 종류를 얼마나 넣느냐에 따라 자동차의 성능이 달라지고 주행거리와 속도에 차이가 난다. 그렇기 때문에 리더는 부하직원들의 동기부여에 힘써야 하고, 각자 최고의 능력이 발휘될 수 있도록 끊임없이 도와야 한다. 이것이 서번트 리더십의 핵심이다.

'칼보다는 펜'이 이기는 시대에서 '지시보다는 섬김'의 리더십이 이기는 시대가 되었다. 강한 힘으로 밀어붙이는 카리스마형 리더보다는 직원과 소통하고 배려하며 존중하는 서번트형 리더가 인정받는다. 그런 의미에서 '부드러운 카리스마'라는 말이 나오기도 했다. 오늘 자리에 함께한 미남미녀들과 얼굴을 맞대고 부드럽게 카리스마를 외쳐보자. 상대방을 존중하는 마음을 드러내 보자.

카메라를 봐주세요 이를 보여주세요 스마일 마치겠습니다
"카리스마!"

카리스마를 높이는 대화법

1. 말하기 전에 2초간 멈춘다

사람의 행복은 혀끝에서 나온다고 했다.

그래서 말을 잘해야 행복할 수 있다.

말하기 전에 2초간 멈춘 후 말을 이어가면

신중하게 말할 수 있고, 주목받을 수 있다.

그러면 행복해지고 신중함의 카리스마를 인정받는다.

2. 상대의 눈을 보고 말한다

상대와 눈을 마주친다는 것은

진심을 전하기 위해 내가 노력하고

있다는 것을 보여주는 것이다.

상대가 나를 신뢰할수록 카리스마는 더 높아진다.

3. 말을 적게 하고 더 많이 듣는다

말은 입에서 나오는 순간 내 것이 아니다.

하지만 듣는 순간부터는 내 것이 된다.

그래서 말이 많으면 실수를 많이 하고

많이 들을수록 실수가 줄어든다.

카리스마는 실수가 없을 때 나온다.

여기저기

여기 계신 분들의 / 기쁨이 / 저의 / 기쁨입니다

수평적 사고로 강한 인맥을 만들어라

기네스북에 오를 정도로 세일즈에 뛰어났던 자동차 판매왕 조지라드는 '250법칙'을 주장했다. 그에 따르면 "평범한 사람들의 결혼식이나 장례식장에는 평균적으로 250명의 사람들이 다녀가는데 이를 볼 때 한 명이 미치는 영향력은 250명에게 이른다고 할 수 있다. 그래서 어떤 일을 하든 한 사람을 상대할 때는 그 뒤에 있는 250명을 봐야 한다"는 것이다.

인맥의 시대다. 어떤 사람들과 얼마나 많이 연결되어 있는지에 따라 성공과 실패가 나뉜다. 이를 위해서는 기초 공사가 튼튼해야 한다. 그래야 흔들리지 않고 관계를 유지할 수 있고 평생의 재산으로 가져갈 수 있다. 동화 속 아기 돼지 삼형제도 튼튼한 벽돌집이 있었기에 늑대의 무시무시한 입 바람을 막아낼 수 있었다. 돼지 삼형제의 벽돌집처럼 튼튼한 인간관계를 위해서는 두 가지가 필요하다.

첫 번째는 수평적 사고다. '얼음이 녹으면 어떻게 될까?'라는 주제로 만든 광고가 있었다. 가장 많은 답변은 얼음이 녹으면 '물이 된다'는 것이었는데, 한 아이는 친구들과 달리 '북극곰이 울어요'라는 답을 내놓았다. 아이는 눈에 보이는 현상보다 그 속에 내재된 관계를 본 것이다.

'얼음이 녹으면 물이 된다'는 것은 원인과 결과에 따라 생각하는 방식이다. 이를 수직적 사고라고 한다. 획일화와 단순함이 강조되는 수직적 사고는 인간관계에 마이너스가 될 수 있다. 관계는 이분법적 사고로 형성되기 힘들기 때문이다. 이와 달리 수평적 사고는 생각하는 범위가 확장되므로 훨씬 다양한 측면에서 사고하는 방식이다. '얼음이 녹으면 북극곰이 운다'는 말은 얼음과 북극곰 사이의 관계가 형성되었을 때 나온다. 얼음이 녹으면 피해를 입게 되는 북극곰의 처지까지 생각을 확장해서 둘 사이를 더욱 긴밀하게 연결하는 것이다. '얼음이 녹으면 봄이 온다'라는 답변도 일맥상통한다. 얼음과 봄은 인과관계가 전혀 없지만, 얼음이 녹음으로써 봄이 오는 신호를 알려준다는 점에서 새로운 관계가 형성된다.

새로운 인간관계를 형성하기 위해서는 상호 간에 수평적인 사고가 필요하다. 원인과 결과, 주거니 받거니 식의 수직적 사고가 아닌 상대방과 나의 새로운 관계가 형성될 수 있는 수평적 사고가 생각의 범위를 더욱 넓히고 유연하게 만든다.

두 번째는 강한 인맥과 약한 인맥을 구분할 수 있어야 한다. 보통 사람을 만날 때는 찾아가는 경우나 찾아오게 하는 경우로 나뉜다. 내가 찾아다니며 만나는 사람은 약한 인맥이다. 내가 어려워 도움이 필요할 때 나를 만나줄 가능성이 적기 때문이다. 하지만 평소에도 나를 찾아와 나와 소통하기를 원하는 사람은 강한 인맥이다. 나의 존재감을 알아주고 나를 소중하게 생각하는 사람이기 때문이다. 이런 사람은 강하게 붙잡아야 한다. 나의 존재를 존중하고 나와 함께하기를 강하게 원하기 때문이다. 강한 인맥은 나와 관련된 모든 인맥 중에 핵심이고, 인맥의 기초를 튼튼하게 하는 밑거름이다. 그리고 평생 함께 가는 동반자가 될 수 있다.

오늘 모인 사람들이 강한 인맥인지 약한 인맥인지 살펴보는 기회를 갖자. 당신이 어려움에 처해 있다고 거짓말을 해볼 수도 있다. 너무 많은 기대는 하지 말자. 기대가 크면 실망도 큰 법이니 재미 삼아 해보기 바란다. 그런데 생각지도 않게 강한 인맥이 많이 나온다면 오늘 술값은 당신의 몫이다.

여기 계신 분들의 기쁨이 저의 기쁨입니다
"여기저기!"

유명인의 이름으로 풀어본 건배사

문재인 | 문제없다 폭탄주 / 재미있다 러브샷 / 인사불성 우리 모두

오바마 | 오직 당신이 / 바라고 마음 먹은 대로 / 마셔

시진핑 | 시방 술잔을 내렸남? / 진짜로 안 마시남? / 핑계 대지 말고 마셔

트럼프 | 트집 잡지 말고 / 엄마 찾지 말고 / 프로답게 마시자

아베 신조 | 아베야 잘 들어라 / 배 아프면 약을 먹어야지

            신사답게 하지 않으면 / 조심해라 퇴근길을

박보검 | 박수를 / 보냅니다 / 겁나게 수고한 당신께

이영애 | 이 순간을 / 영원히 / 에헤라디야, 즐기자

김미화 | 김새게 / 미리 가지 말고 / 화끈하게 마시자

마돈나 | 마시고 / 돈 내고 / 나가자

            미누라 무서워 / 돈 내고 / 나 먼저 간다

아이유 | 아름다운 / 이 세상 / 유감없이 살다 가자

나훈아 | 나는 오늘 / 훈남훈녀들에게 외칩니다 / 아름다운 밤이에요

사미자 | 사랑을 나누고 / 미움은 버리고 / 자신감을 채우자

원더걸스 | 원하는 만큼 / 더도 말고 / 걸러서 / 스스로 마시자

소녀시대 | 소중한 / 여러분 / 시방 잔 / 대보자

트와이스 | 트위스트를 춰볼까 / 와인을 마셔볼까 / 이런 날엔 그저

            스치는 인연들과 함께 마셔부러

워너원 | 위~얼요일에는 / 너희들과 함께 / 원 없이 마신다

제이와이피 | 제발 / 이제는 / 와이파이를 꺼주세요 / 피곤합니다

에스엠 | 에, 여러분 / 쓰러질지라도 / 앰뷸런스에 실려 갈 때까지 마시자

●

물은 어떤 그릇에 담느냐에 따라 모양이 달라지듯이
사람은 어떤 친구를 사귀느냐에 따라 운명이 결정된다.

히구치 히로타로

●●

나를 가장 잘 아는 자를 친구로 삼고, 나를 가장 모르는 자를
적으로 삼는다면 그보다 더 좋은 일은 없다.

보나르

●●●

진정한 행복을 만드는 것은 수많은 친구가 아니며,
선택된 훌륭한 친구들이다.

벤 존슨

●●●●

친구들에게 기대하는 것을 친구들에게 베풀어야 한다.

아리스토텔레스

미사일

미래를 위해 / 사랑을 위해 / 일을 위해 발사

좋은 참모가 유능한 리더를 만든다

역사의 흐름을 바꾼 결정적 사건 중에 하나는 바로 전쟁이다. 전쟁은 세계 지형을 바꿨고 인구를 뒤섞이게 했으며 문화의 대이동을 초래했다. 아이러니하지만 전쟁은 많은 사람의 희생을 바탕으로 과학기술을 획기적으로 발전시켰고, 덕분에 인류는 매번 새 옷으로 갈아입을 수 있었다. 과학기술은 돌멩이를 던지며 싸우던 시대에서 창과 화살이 날아다니는 시대, 그리고 미사일과 인공위성이 날아다니는 시대를 탄생시켰다.

지구상에 개발된 무기 중에 가장 위력적인 것은 미사일이다. 무엇이든 탑재할 수 있고 쏘기만 하면 정확하게 목표물을 맞힐 수 있어 살상력이 상당히 높기 때문이다. 발사된 이후부터는 잘 날아가기만을 빌어야 하는 일반 포탄과는 달리 미사일은 목표물에 도착할 때까지 육상과 해상, 공중에서 다양한 형태로 지시를 받는다.

바람이나 비, 그 밖에 장애물을 피할 수 있도록 컴퓨터가 수시로 최적의 비행 방향과 속도를 제어한다. 미사일 발사까지는 천문학적인 비용이 투입되며 자신에게 주어진 단 한 번의 명령을 수행하기 위해 산을 넘고 바다를 건넌다.

리더는 미사일과 닮았다. 목표를 정하고 출발하면 어떠한 장애물이 나타나도 수단과 방법을 가리지 않고 목표점에 도달해야 한다. 비바람이 몰아쳐도 뚫고 나가야 하는 험난한 여정에 놓여 있다. 예측하기 힘든 다양한 변수를 고려해야 하고 달라지는 상황과 환경에 즉각적으로 대처하지 않으면 모든 것을 잃을 수 있다. 그렇기 때문에 혼자서는 움직일 수 없다.

미사일 발사에 있어서는 속도를 측정하고 방향을 제시하는 팀, 목표물까지 거리를 계산해 필요한 추진체를 준비하는 팀이 꼭 필요하다. 리더도 사업의 방향과 과정, 속도와 목표를 함께 논의하고 도와주는 사람들이 필요하다. 바로 참모들이다. 좋은 참모가 있어야 리더는 빛을 발할 수 있다.

2009년 미국 새스쿼치 뮤직 페스티벌Sasquatch Music Festival에 참가한 한 소년이 갑자기 관중들 앞에 나와 막춤을 추기 시작했다. 관중들은 우스꽝스러운 춤을 추는 소년을 향해 환호성을 지르지만 그저 바라만 볼 뿐 선뜻 나서서 함께 춤을 추려 하지 않았다. 그래도 소년은 꿋꿋하게 막춤을 이어가고 있었는데 잠시 후 한 청년이 뛰쳐나와 동참했다. 미친 듯이 막춤을 이어가는 두 명의 남

자. 하지만 이번에도 사람들은 구경만 할 뿐 동참하기를 주저했다. 그래도 소년은 혼자일 때보다 청년이 합세한 이후부터 자신감을 가지고 더욱 몸을 흔들었다. 그러자 변화가 일어나기 시작했다. 구경만 하던 관중들이 하나둘 합세하더니 순식간에 수십 명의 사람이 막춤 대열에 동참한 것이다. 소년의 막춤에 함께했던 첫 번째, 두 번째 동조자를 보고 사람들이 마음의 문을 열고 춤의 대열에 함께한 것이다. 결과적으로 장난기 많은 소년은 수십 명의 사람들을 이끄는 리더가 되었다.

사람들은 막춤을 춘 소년보다는 첫 번째로 소년에게 다가가 함께 춤을 춘 청년에게 더 의미를 두었다. 소년이 리더라면 청년은 동조자이자 참모인 셈이었다. 청년이 없었다면 소년은 조금 더 춤을 추다 머쓱하게 자리를 떠났을지도 모른다. 사람들은 정신 나간 사람이 앞에서 잠시 얼쩡거리다 가버린 것으로 치부했을 것이고 그날의 소년은 기억되지도 않았을 것이다. 하지만 동조자가 나타나 포기하지 않고 끝까지 함께 춤을 추었기에 소년은 미치광이가 아닌 리더로 기억될 수 있었다. 이 장면을 담은 동영상은 유튜브에서 1700만 뷰 이상의 조회 수를 기록하며 인기를 끌었다. '리더는 혼자일 수 없고 반드시 동조자가 있어야 하며, 동조자가 훌륭한 참모 역할을 할 때 리더십이 빛날 수 있다'는 것을 여실히 보여준 사례였다.

정치이론가 마키아벨리는 "보스가 명성을 얻는 것은 보스 자신의 소질 때문이 아니라 참모의 좋은 조언 덕분이다"라고 말했다. 리더십이 결코 혼자만의 힘으로 얻어지지 않는다는 것이다. 그렇기 때문에 리더는 훌륭한 참모를 찾는 데 늘 눈과 귀를 열어놔야 한다. 훌륭한 자질을 갖춘 참모를 양성하는 것도 중요하다. 미사일의 방향을 정확하게 유도하기 위해 최고의 팀이 존재하는 것처럼 리더에게도 최고의 조력자들이 필요하다. 그래서 리더를 리더답게 만들어줄 드림팀을 갖는다는 것은 참으로 행운이고 멋진 일이다.

오늘 함께 모인 사람들이 당신의 인생에서 멋진 조력자, 유능한 참모가 될 수 있는지 그들의 면모를 자세히 살펴보자. 친구이건 선배이건 후배이건 당신을 믿고 따르는 멋진 조력자가 한 명이라도 있다면 당신은 이미 성공한 사람이자 행복한 사람이다. 그들과 함께 힘차게 건배사를 외쳐보자.

미래를 위해 사랑을 위해 일을 위해
멋지게 미사일을 쏘아 올리자
"미사일!"

나라별 건배사

한국 | 건배乾杯

중국 | 간베이干杯, 얌센飮盡 – 다 마셔버리자

일본 | 칸파이乾杯 – 잔을 비우자

태국 | 차이유 – 건강을 빈다

러시아 | 스하르쇼네 자 즈다로비에 – 건강을 빈다

독일 | 프로지트prosit – 건강을 위하여

이탈리아 | 알라 살루테alla salute – 당신의 건강을 위하여

터키 | 세레페serefe – 건배

폴란드 | 나쓰로비에za zdrowie

포르투갈 | 사우지saude

프랑스 | 아 보트르 상테à votre santé – 당신의 건강을 위해

스페인 | 살루드 아모르 이페세스타스salud amor ypesestas
　　　– 건강과 사랑과 돈을 위해서

영국 | 치어리오cheerio – 즐겁게 마시자

네덜란드 | 프로스트prost – 당신을 축복한다

체코 | 나쓰라비na zdravi

스칸디나비아 | 스콜skal * – 건강을 위해서

　　　*덴마크, 노르웨이, 스웨덴 : 스콜(skal)_옛날 바이킹족이 적의 두개골을
　　　　잔으로 사용한 풍습에서 유래

이집트 | 피 시히타크 – 건강을 빈다

미국 | 히어스 투 유Here's to you, 치어스cheers – 즐겁게 마시자

　　바텀 업bottoms up – 잔바닥을 위로, 잔을 비워 시원하게 마시자

멕시코 | 살룻salud – 건강을 빈다

캐나다 | 토스트toast *

　　　*찰스2세 때 술맛을 내기 위해 술에 토스트 조각을 넣은 데서 유래

에스키모 | 이히히히

아프리카 | 게성데잇

우리가 가진 과학의 힘이 정신적 힘을 앞서고 있다.

우리에겐 유도 미사일과 잘못 유도된 사람들이 있다.

마틴 루터 킹

영웅은 특별히 용감한 게 아니다.

그저 남보다 5분 더 용감할 뿐이다.

로널드 레이건

총알이 날아온 방향이 전진할 방향이다.

미상

주전자

주인의식을 갖고 / 전문성을 갖추고 / 자신 있게 살자

주인의식이 곧 기업가정신이다

엘리베이터를 만드는 국내 대기업의 한 CEO는 '나는 사장이다'라는 말을 건배사로 자주 쓴다. 임원뿐 아니라 신입사원이 있는 자리에서도 이 건배사를 즐겨 쓴다고 하는데, 직원들이 '우리 회사'가 아닌 '나의 회사'로 생각하고 '사장'의 마인드로 일해 주길 원하기 때문이라는 것이다. 그는 직원들 모두가 일개 노동자가 아닌 나의 회사를 만들어가는 사장이라는 생각을 가지고 행동한다면 모든 일에 최선을 다하게 된다고 말했다. 결국 주인의식이 회사를 성공으로 이르게 하는 비결이라고 굳게 믿었던 것이다.

앞서 언급한 넷플릭스에 대해 이야기를 하나 더 해보고자 한다. 이 기업은 최근 미국인들의 TV 시청 패턴을 완전히 바꿔버렸다. 케이블과 지상파 방송을 제치고 선호도 1위를 차지한 것이다. 온라인 스트리밍 방식으로 시청자들이 좋아하는 콘텐츠를 인공지

능으로 선별해 맞춤형으로 제공했고, 단숨에 전 세계 미디어가 무서워하는 글로벌 기업으로 성장했다. 넷플릭스가 길지 않은 시간에 빠르게 성장한 배경에는 직원들의 주인정신이 숨어 있다. 넷플릭스의 직원들은 언제 어느 때든 휴가를 갈 수 있고 출퇴근도 마음대로 할 수 있다. 심지어 업무 진행비도 제한 없이 사용할 수 있다. 회사는 직원들이 원하는 것은 무엇이든 지원하며, 연봉도 업계 최고로 대우해 준다. 이렇게 회사가 전폭적으로 직원들을 지원하는 이유는 주인의식이 회사의 성장에 가장 큰 동력이라고 생각하기 때문이었다. 그래서 넷플릭스는 직원들이 원하는 대로 할 수 있도록 한 것이다. 기업은 주인의식을 심어주었고 직원들은 주인이 되어 회사를 함께 키워간다.

기업에 있어서 주인의식은 곧 기업가정신Entrepreneurship이라고 할 수 있다. 기업가나 직원들이 올바른 방향으로 가기 위한 기준을 세움과 동시에 그곳에 도달하기 위해 가져야 할 덕목이자 정신이다. 섬기는 마음이 될 수도 있고, 강하게 이끌어가는 추진력 있는 카리스마도 기업가정신에 해당한다. 둘 다 주인의식이 바탕에 깔려 있다.

주인의식은 서 있는 곳마다, 가는 곳마다 발현되어야 한다. 임원처럼 일하면 임원이 되고, 사장처럼 일하면 언젠가는 사장이 된다. 일을 맡았을 때 내 일이라 생각하고 하면 결국 내 것이 되는 논리다.

기술의 발전에 따른 변화가 빨라지면서 불확실성도 급격히 증가하고 있다. 비즈니스 환경도 빠르게 변화하고 새로운 아이템으로 무장한 사업이 속속 생겼다가도 얼마 후 흔적도 없이 사라진다. 안개 속을 항해하는 배는 보이지 않은 암초와 풍랑을 염두에 두어야 하듯이 '불확실성에 대해 믿음'을 갖는 것이 중요하다. 경영학의 대가 피터 드러커가 "불확실성을 즐기는 것이 기업가정신이고 행동이다"라고 말한 것처럼 불확실성 앞에서 주인의식과 기업가정신이 빛을 발한다.

막걸리로 건배사를 준비한다면 주전자를 부탁해 보자. 주인의식을 갖고 기업가정신으로 무장할 수 있도록 주전자와 술잔을 맞대자. 그리고 주인의식을 담아 힘차게 외쳐보자.

주인의식을 갖고 전문성을 갖추고 자신 있게 살자
"주전자!"

●

자신의 주인이 되는 자는 곧 다른 사람들의 주인이 될 것이다.

토마스 풀러

● ●

수처작주 입처개진 隨處作主 立處皆眞

어느 곳에 머물든 주인이 된다면, 그곳은 모두 참된 곳이다.

《임제록》 중에서

● ● ●

여왕처럼 생각하라. 여왕은 실패를 두려워하지 않는다.

오프라 윈프리

진달래

진하고 / 달콤한 / 내일을 위하여

초콜릿의 이중성을 아는 리더가 돼라

소설을 원작으로 만든 영화 〈찰리와 초콜릿 공장〉은 모든 것이 초콜릿으로 만들어진 신비한 초콜릿 공장에 초대된 아이들의 이야기다. 초콜릿 속에 감춰진 황금 티켓을 찾아야만 이 공장을 견학할 수 있는 기회가 주어지는데, 언제나 초콜릿을 입에 달고 사는 소년 아우구스투스와 무엇이든 손에 넣어야 직성이 풀리는 재벌집 딸 버루카, 그리고 너무도 가난해 초콜릿 하나 살 돈이 없는 주인공 찰리 버킷을 포함해 다섯 명의 아이들이 초콜릿 공장에 초대되어 그곳에서 신비로운 경험을 하게 된다.

그런데 주인공 찰리를 제외한 네 명의 아이들은 초콜릿 공장의 사장인 윌리 웡카가 발명한 신기한 제품에는 별 관심이 없고 오직 욕심과 이기심, 승부욕, 과시욕만 부린다. 결국 네 명은 문제를 일으키고 탈락해 찰리만 남게 된다. 초콜릿의 달콤함보다는 초콜릿이면에 담긴 진실에 관심을 둔 찰리만이 윙카의 눈에 들어온다. 영화는 찰리가 윙카의 후계자로 정해져 더 높은 곳에 이르면서 해피엔딩으로 끝난다. 영화 속 찰리에게 초콜릿은 먹고 싶지만 먹을 수 없는 비싼 과자였고 뛰어넘을 수 없는 자본주의의 큰 벽이었다. 내일 먹고살 일을 걱정해야 하는 집에서 자랐기 때문에 초콜릿 하나를 사 먹는 것조차 욕심이고 허황된 꿈이었다. 하지만 진실을 보여준 덕분에 윙카의 초콜릿 공장에서 행복한 미래를 보장받게 되었다.

초콜릿의 역사는 1502년으로 거슬러 올라간다. 초콜릿은 오랜 시간 동안 서민들의 입을 즐겁게 해주는 달콤한 음식의 대명사로 자리를 잡아왔다. 하지만 자본주의의 등장으로 초콜릿이 돈이 된다는 것을 알게 된 기업가들이 너도나도 카카오 원두를 사 모으면서 초콜릿은 자본주의를 대표하는 고급 상품으로 옷을 갈아입었다. 서민의 음식에서 지배계급의 음식으로 자리하게 된 것이다.

인생을 초콜릿 상자에 비유하기도 한다. 어떤 초콜릿을 선택하느냐에 따라 달콤한 맛을 맛볼 수도 있고 카카오 함량이 많은 것을 집으면 쓴맛을 맛보게 된다. 달콤함은 약이 될 수도 있지만 과하면 독이 될 수 있기 때문에 이를 구분할 수 있는 지혜와 냉철한 눈이 필요하다. 〈찰리와 초콜릿 공장〉의 주인 윙카는 약이 되는 초콜릿과 독이 되는 초콜릿 두 가지를 동시에 제안했다. 네 명의 아이들은 독을 선택했고 찰리는 약을 선택했다.

진하고 달콤한 내일을 위하여

"진달래!"

배는 항구에 있을 때 가장 안전하지만
그것은 배의 존재 이유가 아니다.

괴테

성공이 달콤한 것은 결코 성공하지 못한
사람들이 있기 때문이다.

에밀리 디킨스

나태함, 그 순간은 달콤하나 결과는 비참하다.

미상

달려허니

달리자 / 여러분 / 허리에 힘주고 / 리얼리?

힘보다는 속도가 경쟁력이다

복싱 경기에서 헤비급과 라이트급 선수가 싸우면 누가 이길까? 당연히 헤비급 선수가 이긴다. 왜소한 체구의 다윗이 거대한 골리앗을 넘어뜨린 이야기는 성서 속에 등장하는 것일 뿐 현실에서는 불가능하지는 않아도 쉽지는 않다. 강한 자가 약한 자를 이기는 것은 어찌 보면 자연의 섭리다. 그런데 이러한 원리가 적용되지 않는 곳이 있다. 바로 기업이다. 거대한 자본과 힘이 있는 대기업이라고 해서 항상 이기는 것이 아니고, 이제 막 걸음마를 뗀 중소기업이라고 해서 늘 지는 것은 아니다. 기업을 운영하는 데는 강한 것이 작고 약한 것을 잡아먹는 약육강식의 원리가 그대로 적용되지는 않는다. 중요한 것은 힘보다 속도다. 빠른 것이 느린 것을 잡아먹는다는 것이다.

아프리카 속담에 "가젤은 매일 아침 눈을 뜨면 무조건 달린다.

달리지 않으면 사자에게 잡아먹히기 때문이다. 사자도 매일 아침 눈을 뜨면 무조건 달린다. 달리지 않으면 가젤을 잡지 못해 굶어 죽기 때문이다"라는 말이 있다. 비즈니스 환경의 변화에 적극 대응하고 민첩하게 행동하지 않으면 다음 날 어떻게 될지 아무도 모른다. 튼튼했던 기업도 한순간에 역사 속으로 사라질 수 있다. 우리는 그런 사례들을 숱하게 보아왔다. 빠른 기업은 성장하고 느린 기업은 퇴보한다. 소비자가 원하는 것이 무엇인지를 재빠르게 파악해 적극적으로 대응할 수 있는 능력이 있느냐 없느냐에 따라 기업의 100년 존속이 보장된다.

블록버스터라는 회사를 기억하는가? 미국에서 비디오를 빌려주는 조그만 가게에서 시작해 비디오 대여 업계 세계 1위로 성장했다가 지금은 사라진 기업이다. 1985년에 설립되어 30년 가까이 시장을 주름잡았지만 넷플릭스라는 조그만 신생 회사에게 자리를 조금씩 내주다 결국 2013년 폐업했다. 넷플릭스는 블록버스터의 소비자들이 비디오 반납 지연 연체료를 내는 데 불만을 가지고 있다는 것을 알고 회원제 방식을 사업에 적용했다. 그리고 소비자가 원하는 것을 재빠르게 알아내 해결 방법을 제안했다. 이후 영화를 보는 사람들마다 조금씩 다른 시청 습관과 관심 사항을 분석해 그에 맞는 영화를 자동으로 추천해 주는 '시네매치'라는 프로그램을 개발했다. 그들의 전략은 적중했고 거대한 골리앗이었던 블록버스터를 주저앉히고 세계 시장을 석권했다. 소비자의 취향을 살피고 그들이 보고 싶어 하는 것을 찾아 누구보다도 발빠르게 움직인 넷플릭스는 아프리카의 아침을 달리는 가젤이자 사자였다.

오늘 아프리카의 사자처럼, 가젤처럼 동료들과 함께 건배의 잔을 높이 들어보자. 너는 사자, 나는 가젤로 각자의 역할을 나눠보는 것도 재미있겠다.

가젤처럼(선창) 달리자(후창), 사자처럼(선창) 달리자(후창)

"달려(선창) 허니(후창)!"

●

어제보다 3센티미터 낮은 힐을 신었다.

나는 오늘 100미터 달리기도

할 수 있을 것 같은 기분이다. 사는 것도 그렇지 않을까?

힘든 건 단지, 그 3센티미터였을 뿐이다.

미상

●●

인생은 달리기 경주가 아니라 활쏘기 게임이다.

중요한 건 시간 절약이 아니라 과녁의 중앙을 맞힐 수 있느냐다.

《마음 가는 대로》중에서

●●●

달리기만 하고 멈출 줄 모르는 자동차는

아무 쓸모도 없는 물건이듯이 인생도 그런 것이다.

언젠가는 멈추기도 해야 하는 것이다.

양귀자

불취무귀 不醉無歸 정조의 건배사

조선의 22대 왕 정조는 술을 특히 좋아했다. 특히 민초들의 술인 탁주와 소박한 안주를 즐겼는데,《정조실록》에 따르면 정조는 과거시험에 합격한 유생들을 초청해 창덕궁에서 술을 권하며 이렇게 명했다.

"옛사람들은 술로 취하게 한 뒤에 그 사람의 덕을 살펴본다고 했다. 오늘 취하지 않은 사람은 절대 돌려보내지 않을 것이니 각자 양껏 마시도록 하라 不醉無歸."

정조의 '불취무귀'는 술을 취하게 해서 사람의 됨됨이를 살피고 신하와 백성의 소리에 귀 기울이고자 함이자, 붕당으로 심각하게 대립하는 신하들의 관계를 완화하기 위한 노력이었다. 그리고 무엇보다 중요한 것은 취하지 않으면 감당하기 힘든 세상이 아닌, 취할 정도로 마셔도 편안한 세상을 만들고 싶었던 정조의 깊은 뜻이 담겨 있다. 험난한 길을 거쳐 왕위에 오른 후 개혁과 탕평책으로 국가의 대통합을 추진했던 정조. 그의 건배사에는 인재를 등용하고 소통과 화합을 이루고자 하는 그만의 리더십이 담겨 있다.

화향백리 주향천리 인향만리

꽃의 향기는 백 리를 가고
술의 향기는 천 리를 가고 / 사람의 향기는 만 리를 간다

향기를 풍기는 리더가 돼라

중국 동부 지방에는 모소 대나무Moso Bamboo라는 희귀종이 자란다. 시간이 꽤 흘러도 좀처럼 자라지 않아 사람들은 죽은 대나무가 아닌지 오해를 하기도 한다. 그도 그럴 것이 4년 동안 고작 3센티미터밖에 자라지 않기 때문이다. 그런데 5년부터는 상황이 달라진다. 두 달도 안 되어서 무려 15미터 가까이 자라는 것이다.

무엇이 모소 대나무를 이렇게 폭발적으로 성장시킨 것일까? 사실 씨앗이 뿌려진 후 4년 동안은 위로 크는 것이 아니라 땅속으로 뿌리를 깊게 뻗어 내린다. 더 높게 자라기 위해 땅속으로 뿌리를 깊게 뻗는 인고의 시간을 갖는 것이다. 오랜 시간 동안 뿌리를 내린 덕분에 모소 대나무는 고고한 자태를 뽐내며 고고한 향기를 가장 멀리까지 퍼뜨린다.

'백화요란百花燎亂'이라는 말이 있다. "백 가지의 꽃이 불타오르

듯 피어 매우 화려하고 아름답다"는 뜻이다. 백 가지의 꽃이 모여 한층 더 아름다움을 뽐낼 수 있는 것은 다양함 속에 조화를 이루기 때문이다. 한 부분이라도 조화롭지 못하면 아름다워 보이지 않는다. 인간도 백화요란을 추구하지만 사실상 조화로움을 이루기는 쉽지 않다. 저마다 개성을 가지고 각기 다른 방향으로 몸을 틀고 있기 때문이다. 서로 다른 사람들이 조화를 이루게 하는 것이 바로 리더의 역할이다.

리더는 대립 속에서도 조화를 이룰 수 있어야 한다. 평범한 음들을 가지고 아름다운 음악을 만들어내는 지휘자처럼 말이다. 이를 위해 땅을 굳건하게 밟고 있어야 하며 넘어지지 말아야 한다. 인내도 필요하다. 하늘로 뻗어나가기 위해 수년 동안 땅속에서 인내한 모소 대나무처럼 굳건하게 자기 자리를 지켜냈을 때 존경받을 수 있고, 나아가 백화요란의 조화로움도 만들 수 있다. 비로소 리더로서 꽃을 피우고 만 리에 향기를 퍼뜨릴 수 있다.

완벽함은 더 이상 붙일 것이 없는 것이 아니라 더 이상 뺄 것이 없는 것이라는 말이 있다. 훌륭한 리더일수록 채우고 붙이기보다는 비우고 떼어내기 위해 노력해야 한다. 비웠을 때 비로소 향기를 풍길 수 있다. 당신은 향기를 풍기는 리더인가? 아니면 냄새를 풍기는 리더인가? 이러한 것조차 고민해 본 적이 없다면 반성해야 한다.

오늘 자리를 함께하는 일행들이 꽃보다, 술보다 더 진한 향기를 지닌, 그래서 항상 만나서 함께 취하고 싶은 사람인지 술잔을 높이 들고 외쳐보자.

"화향백리 주향천리 인향만리!"

장진주사 將進酒辭 송강 정철의 권주가

한잔 먹세그려, 또 한잔 먹세그려
꽃 꺾어 술잔 세며 한없이 먹세그려
죽은 후엔 거적에 꽁꽁 묶여 지게 위에 실려 가나
만인이 울며 따르는 고운 상여 타고 가나
억새풀 속새풀 우거진 숲에 한번 가면
그 누가 한잔 먹자 할 것인가
무덤 위 잔나비 휘파람 불며 뛰어놀 때
뉘우친들 어찌하리오

술을 무척이나 좋아한 정철은 주사까지 있어 반대파인 동인들의 공격을
받곤 했다. 이를 걱정한 선조가 은잔을 하사하며 하루에 한 잔만 마시라고
명을 내렸지만 망치로 두들겨 펴서 사발 크기로 만들어 술을 마실 정도로
애주가였다고 한다. 하지만 정사에 임할 때는 전혀 다른 모습을 보였는데,
선조가 그를 가리켜 "백관 중의 독수리요, 대궐의 맹호라 할 만하다"고 말
할 정도로 원칙과 소신을 지키는 관료였다. 권주가 하나에도 세상의 이치
와 인생의 희로애락을 담아 풍류를 즐길 줄 알았던 정철은 내유외강형 리
더였다.

사람의 향기

사람은 누구나 가슴에 향기를 품고 태어났다.

잘난 사람은 잘난 대로, 못난 사람은 못난 대로 향기가 있는 것이다.

향기로운 사람, 함께 마주 보고 있는 것만으로도 행복하고

멀리 있으면 늘 그리운 사람, 이 얼마나 축복받은 인생인가.

나는 오늘도 그런 사람을 만나고 싶다.

《세상 사람은 나를 보고 웃고 나는 세상을 보고 웃는다》 중에서

아싸가오리

아끼고 / 사랑하며 / 가슴에 / 오래 남는 / 리더

직급보다 직능 개발에 집중하라

나이가 들수록 '시간이 참 빠르게 지나간다'는 말을 많이 하게 된다. 시간이 가지 않아 무료하다고 말하는 사람은 거의 없다. 살아가는 환경이 다르고 일하는 시간, 만나는 사람도 다른데 왜 우리는 똑같이 시간이 빠르게 지나간다고 느끼는 것일까?

그 이유를 몇 가지 소개한다. 첫 번째는 나이가 들수록 생체시계가 느려진다는 가설이다. 우리 몸에는 리듬을 주관하는 생체시계가 있는데 나이가 들수록 이 시계가 느려짐으로써 상대적으로 시간이 빠르게 지나간다고 느낀다는 것이다. 두 번째는 시간의 상대성이다. 나이가 들수록 그동안 살아온 시간이 늘어나면서 상대적으로 현재의 시간을 짧게 느낀다는 것이다. 예를 들면 열 살짜리 아이는 1년의 시간을 그동안 살아온 시간의 10분의 1로 느끼지만 쉰 살에게 1년은 50분의 1로 느껴져 현재의 시간을 과거의 시간보다 훨씬 빠르게 느낀다는 것이다. 마지막으로 가장 그럴듯한 이유가 기억력의 문제다. 사람은 망각의 동물이라고 하지 않던가. 사람은 시간이 지나면 대부분을 잊어버린다. 나이가 들수록 뇌의 기능이 점차 떨어지기 때문에 기억력도 저하된다. 전화번호는 물론 알고 있던 이름조차 기억나지 않을 때가 많다.

기억력이 떨어지면 시간의 흐름대로 연결되어 있는 영상 프레임 중에 일부를 기억하지 못하게 되고 이는 전체 프레임이 줄어드는 결과로 이어져 결국 시간이 빠르게 지나간다고 느낀다는 것이다. 영상 1초가 30개의 프레임으로 구성되어 있는데 그중 10개가 빠져버리면 같은 1초 동안 20개의 화면만을 보게 되고 이때 화면이 빠르게 움직이는 것처럼 느끼는 것과 같다. 떨어진 기억력이 시간의 흐름을 빠르게 만든 것이다.

조직에서 사람들에게 기억된다는 것은 그만큼 중요한 역할을 하고 있다는 것이고 능력을 인정받는다는 것을 의미한다. 특히 리더의 자리에 오른 사람들은 대부분 능력이 검증되었기 때문에 위아래로 인정받는다. 하지만 평생 리더의 자리에 있을 수 없는 것이 조직이고 사회다. 그렇기 때문에 오래도록 기억되는 리더가 되기 위해 우선적으로 해야 할 일이 직급과 직능을 구분하는 것이다. 리더는 직급에 연연해서는 안 된다. 직급이 높을수록 권한이 커진다. 관리하는 직원이 많아지고 그에 대한 역할과 책임도 커진다. 하지만 리더는 바뀔 수 있다. 더 능력 있고 뛰어난 사람이 나타나면 언제든지 교체될 수 있는 자리다. 그렇기 때문에 항상 자신의 자리를 지키기에 급급해할 것이 아니라 자신의 능력을 배양하고 강화하는 것에 관심을 두어야 한다. 직급은 사라질 수 있지만 직능은 사라질 수 없기 때문이다.

지시만 하는 리더, 책임지지 않는 리더, 질책만 하는 리더는 자리가 바뀌면 곧바로 잊혀진다. 퇴사 후 어쩌다 길에서 우연히 마주쳐도 결코 반갑지 않은 존재다. 그들은 기억되지 않는다. 하지만 지시보다는 먼저 앞장서는 리더, 책임질 줄 아는 리더, 칭찬에 인색하지 않은 리더, 직급보다 직능 개발을 위해 노력하는 리더는 오랫동안 기억된다. 당신은 직원들이 눈치 보는 리더인가? 아니면 그들의 기억 속에 오래도록 남을 만한 리더인가? 감동을 주는 리더는 오랫동안 기억되지만 상처를 주는 리더는 오랫동안 잊혀지지 않는다. 기억된다는 점에서는 동일하지만 리더로서 어떤 모습으로 남을지 생각해야 한다. 함께 일하는 동안뿐 아니라 먼훗날까지 멋진 리더로 기억된다면 가장 보람 있는 일이 아니겠는가?

사람들의 가슴에 오래 남는 리더가 되고 싶다면 오늘 이렇게 외쳐보자.

아끼고 사랑하며 가슴에 오래 남는 리더
"아싸가오리!"

건배사를 할 때 듣기 좋은 말 '베스트 10'

1. 수고했어. 역시 당신이 최고야.

2. 괜찮아. 다음에 더 잘하면 돼.

3. 고마워. 당신 때문에 할 수 있었어.

4. 미안해. 모든 게 내 실수였어.

5. 맞아. 당신 말을 들었어야 했어.

6. 멋지다. 오늘 당신의 옷이.

7. 잘했어. 정말로 기대 이상이야.

8. 그랬구나. 몰라서 미안해.

9. 정말이야. 당신을 믿어.

10. 계산서. 오늘은 내가 계산할게.

●

직급이 체면이면 직능은 경쟁력이다.

신제구 교수

● ●

불행한 사람은 준 것을 기억하고 받은 것을 잊어버린다.

그리고 기억하고 있는 것에 대해 불만을 토로한다.

행복한 사람은 준 것을 잊어버리고 받은 것을 기억한다.

그리고 기억하고 있는 것에 대해 감사하게 여긴다.

어떤 것을 기억하느냐의 차이가 불행과 행복을 결정한다.

미상

농부와 비

봄비가 촉촉하게 내리는 어느 날, 논을 고르는 농부를 보고 지나가는 이가 말을 걸었다. "이렇게 비가 많이 내리니 올해는 풍년이겠네요?" 그러자 농부는 이렇게 대답했다. "비가 너무 많이 내리면 뿌리가 깊게 내리지 못해 태풍이 오면 모두 뽑힐 수 있습니다."

풍요는 나약함을 만들지만 고난은 역경을 이겨내는 힘을 만든다. 가뭄은 곡식의 뿌리를 깊게 내리게 해서 어떤 태풍에도 넘어지지 않게 만든다.

PART 2

힘이 되는 건배사

할 수 있다 생각하면 할 수 있고, 할 수 없다 생각하면 할 수 없다.

– 헨리 포드

흥청망청

흥해도 / 청춘 / 망해도 / 청춘

혁신이 앞장서야 청춘이 뒤따른다

소설가 박경리는 "청춘은 짧고 너무나 아름다웠다. 젊은 날에는 왜 그것이 보이지 않을까"라는 말로 지나간 청춘을 그리워했다.

청춘의 시간은 누구에게나 짧다. 청춘인가 싶더니 어느덧 중년을 지나 노년으로 접어든 자신의 모습을 보고 씁쓸해한다. 청춘은 듣기만 해도 가슴 뛰는 단어지만 평생 청춘일 수는 없다. 아무리 잡으려 해도 손가락 사이로 빠져나가는 바람과 같기 때문이다. 그래서 사람들은 지나간 청춘을 아쉬워한다. 프랑스의 소설가 아나톨 프랑스는 "내가 신이었다면, 나는 청춘을 인생의 끝에 두었을 것이다"라고 말하며, 지나간 청춘에 대한 아쉬움을 남겼다.

청춘은 다른 말로 하면 혁신이다. 멈춰 있지 않고 꾸준히 움직이고 새로운 변화를 찾는 것이다. 개선이 기존의 것을 바꾸는 것이라면 혁신은 지금과는 완전히 다르게 하는 것이자 그 방법을 찾기 위해 새로운 길로 떠나는 것이다. 그래서 혁신이 앞장서면 청춘은 자연스럽게 따라온다. 하지만 혁신을 향해 가는 길은 험난하고 포기해야 할 것들이 많다. 편안함에 안주하던 사람은 편안함을 버려야 하고, 권력에 안주하던 사람은 권력을 버려야 한다. 그동안 누렸던 모든 권력과 안위를 버리지 않으면 새로운 혁신을 기대할 수 없다.

기업도 마찬가지다. 짐 콜린스가《좋은 기업을 넘어 위대한 기업으로》에서 "지금 좋은 것good을 버리면 위대한 것great을 가지게 된다"고 말한 것처럼 더 성장하고 위대한 기업으로 진출하기 위해서는 현재 누리고 있는 좋은 것을 포기할 수 있어야 한다. 성과가 꾸준하다고 해서 현재에 안주하다 보면 위대한 기업으로 도약하는 기회를 잡을 수 없다. 좋은 것을 과감하게 포기하는 것이 곧 혁신이며 또 다른 혁신을 불러오는 첨병이다.

이것은 산을 오르는 여정과 같다. 힘들게 오른 산 정상에서 여유 있게 휴식을 취하다 눈앞에 보이는 건너편 산에 오르고 싶은 마음이 생겼다면 반드시 산을 내려와야 한다. 정상에 올랐을 때의 희열과 만족감을 버리고 다시 고생의 길로 들어서야 한다. 헬기를 타고 다음 산으로 건너가지 않는 한 산을 내려와서 다시 올라가는 고통을 반복해야 한다. 전보다 더 많은 땀을 흘릴 수도 있다. 혁신은 그래서 힘든 과정이지만 달콤한 열매를 맛볼 수 있다. 그래서 사람들은 힘들어도 혁신을 꿈꾼다.

청년기, 중장년기, 노년기의 순서가 아니라 내 인생의 마지막이 청년기라고 생각하는 것이 좋다. 내 인생의 마지막이 청년기라고 생각하면 무서울 것도 없고 무엇이든 자신감을 가질 수 있다. 생각하고 마음먹고 행동하기에 따라 구구팔팔(구십구 세까지 팔팔하게) 하게 살 수 있다. 청춘은 지금부터라는 말보다 '내 인생의 마지막은 청춘'이라는 말이 더 혁신적이지 않은가?

오늘 저녁 모임은 청춘을 위해 혁신하는 자리를 만들어보자. 청춘을 다시 꿈꾸는 사람들이 모였으니 홍청망청 마셔보자. 나와 함께한 모든 사람들의 청춘을 위해 멋진 건배사를 하나쯤은 곁들여서 말이다.

홍해도 청춘 망해도 청춘
"홍청망청!"

한바탕 호우처럼 비에 젖었지만 또 젖고 싶어요.

모든 것을 가진 듯하지만 아무것도 가진 게 없어요.

자신의 길을 가고 다른 이의 시선을 신경 쓸 필요가 없어요.

때로는 미치기도 하고 때로는 성숙하는 것이요,

아름답지만 막막한 것입니다.

두려워하지 말고 후회하지 마세요.

나는 청춘이니까 청춘다운 일을 하는 겁니다.

침착하게 앞으로 나가세요.

최고에 도달하세요.

현재를 살아가세요.

청춘은 나이에 상관없이 아주 중요한 정신입니다.

샤오미 회장 레이쥔의 〈청춘 강의〉 중에서

•

'노'라고 말하면 아직 젊다.

최초의 '예스'는 최초의 주름살이다.

앙리 장송

• •

어떤 사람은 젊어도 늙었고, 어떤 사람은 늙어도 젊다.

《탈무드》 중에서

• • •

청년은 가르침을 받기보다는 감동이나 자극을 받기를 원한다.

괴테

• • • •

청춘은 이유 없이 웃는다.

그것이 청춘의 가장 중요한 매력이다.

오스카 와일드

박보검

박수를 / 보냅니다 / 겁(검)나게 수고한 당신께

박수는 몸이 만들어내는 리더십이다

북유럽의 섬나라 아이슬란드는 우리나라와 면적은 비슷하지만 인구수는 고작 33만 명에 불과하다. 이렇게 적은 인구에도 지난 2018 러시아 월드컵 본선에 진출하면서 14억 인구임에도 본선에 진출하지 못한 중국의 시샘을 받았다. 아이슬란드가 유럽의 강호로 굳건히 자리를 잡게 된 배경에는 두 가지 이유가 있다. 하나는 엘리트 축구 육성을 위한 국가적 지원이 있었고, 또 하나는 민간인 후원자들 덕분이었는데 바로 자국 축구 팬들이었다. 엄밀히 말하면 축구 팬들의 박수가 큰 후원자였다.

아이슬란드 축구 팬들을 상징하는 바이킹 박수는 천둥 박수라고도 불린다. 워낙 소리가 크고 박력 있는 데다 구령과 함께하기 때문에 상대편에게 상당한 위압감을 준다. 이 박수는 아이슬란드인들을 한마음으로 단합시켰고 경기의 승패에도 영향을 주었다.

오래전 뉴질랜드 원주민 마오리족 전사들이 전쟁에서 승리를 기원하는 의미로 '하카'라는 춤을 췄는데 이때의 동작이 바이킹 박수로 만들어졌다는 설이 있고, 스코틀랜드에서 옮겨 갔다는 이야기도 있다. 하지만 어디서 유래된 것인지는 중요하지 않다. 아이슬란드를 대표하는 이미지로 많은 사람들에게 인상적인 장면을 연출했고, 자국 응원단과 선수를 강하게 단합시켰다는 것이 더 중요하다.

> 손에 불날 때까지 박수 '짝짝짝'
> 이때다 싶으면 쳐 박수 '짝짝짝'
>
> 세븐틴의 노래 '박수' 중에서

박수를 치면 손바닥이 자극을 받아 혈액순환이 원활해지면서 건강에도 도움이 된다. 더 큰 효과는 긴장된 몸을 풀어줌으로써 함께 박수를 친 사람들과의 관계가 더욱 긴밀해진다는 것이다. 기운을 북돋워 '할 수 있다'는 자신감과 용기를 끌어올려 행동하게 만든다. 축구 경기 중 교체 투입되는 선수가 혼자 박수를 치며 그라운드로 뛰어나오는 것도 실제로 해내겠다는 다짐을 표현하는 것이다.

아무리 넘쳐흘러도 과하지 않은 것이 박수다. 박수를 많이 친다고 해서 잡혀가지 않는다. 미친 사람으로 취급받지도 않는다. 박수는 모든 사람 앞에 평등하고 긍정의 에너지를 불러일으키는 힘을 가지고 있다. 박수는 지친 사람들에게 힘을 주고 자신감을 갖게 해준다는 점에서 우리 몸이 만든 리더십이라고 할 수 있다. 전염 속도도 빨라 한 사람이 박수를 치기 시작하면 순식간에 모든 사람들의 박수 소리가 가득 메운다. 박수의 나비효과다.

박수를 치면 손바닥의 기운이 손목과 팔, 어깨를 거쳐 온몸에 퍼진다. 엔도르핀이 행복 에너지를 채워주듯이 손에서 시작된 박수는 몸에 붙어 있는 더러움을 털어버리고 새로운 기운을 채워준다. 가냘픈 나비의 날갯짓이 태평양 한가운데 폭풍을 일으킬 수 있듯이 함께한 모든 이를 위해 미친 듯이 박수를 쳐보자. 공기를 타고 전해지는 천둥 같은 박수가 모두에게 힘을 줄 것이다.

박수를 보냅니다 겁(검)나게 수고한 당신께
"박보검!"

유명해져라. 그러면 당신이 똥을 싸도 박수를 쳐줄 것이다.

앤디 워홀

결과를 떠나 스스로에게 박수를 칠 수 있으면
진정한 승자다.

감사용

윗사람은 당신이 열심히 노력하는 것만으로
박수를 치지 않는다. 열심히 하는 것도 중요하지만
성공하지 못하면 바보 취급만 당하기 십상이다.

테리 켈리

그래도

그래 / 내일은 / 도약할 거야

1그램의 행복

우리나라의 자살률이 OECD 회원국 중 가장 높은 것으로 나타났다. 2016년 기록을 보면 인구 10만 명당 25.8명으로 OECD 평균 11.6명보다 2배가 넘는 수치였고, 자살률이 가장 낮은 터키(1.2명)와 비교하면 12배나 높다. 반면 항우울제 복용량은 OECD 평균 3분의 1 수준에 불과했는데 이는 마음의 상처를 숨기거나 방치해 치료받지 않는 사람이 의외로 많다는 것이다.

한 정신과 의사는 "정신과에 온 환자의 대부분은 상처를 받은 사람들이고 정작 상처를 준 사람은 찾아오지 않는다"고 말했다. 상처를 받은 사람이 병원에 가는 것은 당연하지만 그동안 상처를 준 사람도 병원을 가야 한다고 생각해 본 적이 없다. 특히 마음의 상처는 더욱 그렇다. 마음의 상처는 일반적인 상처와 다르기에 의사의 상담과 처방만으로 완전히 치유될 수 없다. 마음 한구석에 자리 잡고 있는 상처는 절대 표출되지 않는 속성 때문이다. 게다가 상처받은 사람은 자신의 상처를 드러내려고 하지 않아 치료하기까지 오랜 시간이 걸린다. 상처를 준 사람이 나서서 자신의 잘못을 인정하고 상처받은 사람을 위로해야 상처 치유가 빨라지고 완전한 치료도 가능하다.

상처는 아프지만 새로운 시작이 될 수 있다. 상처를 잘 치료하면 상처를 받기 전보다 더 성장하고 강해질 수 있기 때문이다. 그래서 도움의 손길이 필요한 사람, 위로가 필요한 사람, 희망이 필요한 사람을 잘 살펴야 한다. 그들의 아픈 상처를 잘 치료해 준다면 그전보다 더 나은 삶을 살 수 있기 때문이다. 공자는 세 사람만 있어도 그중에 스승이 있다고 했지만, 세 사람 중에는 도움이 필요한 사람도 반드시 있다.

행복과 불행의 차이는 어느 정도일까? 행복과 불행의 무게를 재어본다고 상상해 보자. 일단 둘의 무게가 같다면 저울은 평행을 유지할 것이다. 그러나 행복의 무게가 불행보다 단 1그램이라도 많으면 저울은 당연히 행복 쪽으로 기운다. 행복의 조건에는 많은 것이 필요 없다. 단 1그램만 더해도 우리는 행복한 것이다.

오늘 자리에 함께한 모든 사람에게 위로와 용기, 자신감을 심어줄 수 있는 1그램의 행복이 있다. 바로 건배사다. 멋지지 않아도 된다. 화려하지 않아도 된다. 진심을 다해 모두의 건강과 행복을 축복한다면 그것이 가장 멋진 건배사이고 행복을 주는 1그램의 기적이 된다. 그래서 힘들었지만 내일이 기다려지는 것이 아닐까? 모두 함께 힘껏 외쳐보자.

그래 내일은 도약할 거야
"그래도!"

세계에서 가장 빠른 남자의 건배사

2018년 10월 12일, 호주 시드니에 위치한 캠벨타운 스타디움에서는 프로 축구 A리그의 연습 경기가 열렸다. 이날 공격수 한 명이 세간의 주목을 받았는데, 그는 문전을 향해 빠르게 돌진해 강한 슈팅을 날렸고 그의 발을 떠난 공은 그대로 골망을 흔들었다. 잠시 후 그는 하늘을 향해 팔을 뻗는 낯익은 세러모니를 펼쳤다. 그는 바로 얼마 전까지만 해도 세계에서 가장 빠른 육상스타 우사인 볼트였다. 100미터를 9.58초에 달려 '인간 탄환', '육상 전설'로 불렸던 우사인 볼트가 축구로 제2의 인생을 시작한 것이다. 육상 선수 생활을 마감한 후 독일 분데스리가 도르트문트 프로축구팀에서 입단 테스트를 받았지만 프로 선수로 데뷔하기에는 실력이 부족하다는 평가를 받았음에도 끝까지 포기하지 않고 다시 도전한 결과였다. 그런 그가 한 언론과의 인터뷰에서 밝힌 건배사는 "입 닥치고 마시자"였다. 세계에서 가장 빠른 발을 지닌 사람답게 건배사도 속전속결이다.

성장은 뜻밖의 어려움 속에서도 도약할 때 이뤄진다.

헨리 밀러

아무리 어둠이 내린다 해도 덮을 수 없는 것이 있다.
그것은 아침이다.

미상

사람들 대부분은 전화를 하지 않는다. 도움을 구하지 않는다.
그것이 성취하는 사람과 꿈꾸기만 하는 사람의 차이다.

스티브 잡스

상한가

상심하지 말고 / 한탄하지 말고 / 가슴을 펴자

만 보 걷기의 인생 철학

연말이나 새해가 되면 건강에 대한 관심이 부쩍 높아진다. 1년 동안 도전했지만 번번이 실패했던 다이어트를 다시 결심하는 사람, 담배를 아예 잘라버리는 사람, 헬스클럽에 등록하는 사람들이 많아진다. 하지만 하늘이 두 쪽 나도 반드시 성공하겠다고 다짐하지만 대부분 작심삼일로 끝나고 만다. 굳은 결심과 달리 습관으로 이어지기가 너무도 어렵기 때문이다.

하지만 가볍게 걷는 것으로 새해 목표를 세우는 사람도 있다. 흔한 결심은 바로 '만 보 걷기'다. 만 보의 걸음은 자가용 대신 버스를 타거나 엘리베이터를 이용하지 않고 계단을 오르는 일만으로도 어렵지 않게 달성할 수 있는 수치다. 그런데 왜 만 보 걷기가 우리 몸에 좋은 것일까? 성인의 평균 보폭이 약 0.8미터라고 가정할 때 하루에 걷는 걸음 수가 약 2천 보(1.6킬로미터) 정도인데 이 정도를 걸어서는 칼로리를 완전히 소비할 수 없다. 우리 몸에는 보통 300~400칼로리가 남아 있는데, 이는 성인이 하루에 섭취하는 2500~3000칼로리에서 기초대사와 일상생활로 소비된 2200~2600 칼로리를 빼고 남은 것이다. 문제는 이러한 것들로 인해 다양한 질병이 유발될 수 있다는 것이다. 몸속에 남은 칼로리를 소비하기 위한 방법으로 만 보 걷기가 가장 최적이라는 것이다. 만 보 걷기는 우리 몸으로 들어온 에너지를 무조건 바깥으로 내보내는 것이 아니라 우리 몸에 남아 있는 에너지를 버리는 것이다. 만 보 걷기는 내 몸속의 과함을 없애주는 고마운 운동인 셈이다.

사람들과의 관계도 만 보 걷기와 같은 노력이 필요하다. '관계를 맺는다'는 것은 서로에게 무엇인가를 남긴다는 것이다. 좋은 것일 수도 있고 나쁜 것일 수도 있다. 좋은 것은 쌓아놓고 나쁜 것은 하루라도 빨리 버려야 한다. 내 안에 남아 있는 나쁜 것을 씻고 상대의 마음속에 남아 있는 앙금을 해결하기 위해 만 보를 걷는 마음으로 노력해야 한다. 그런데 만 보 걷기도 처음 한 보를 떼기가 쉽지 않다. 하지만 일단 한 걸음 떼고 나면 그다음부터는 쉬워지는 것처럼 관계의 회복과 증진도 단지 첫걸음을 떼기가 어려울 뿐이다.

가슴을 열고 힘차게 걸어보자. 이왕이면 혼자보다 친구와 함께 하면 더 좋다. 한 걸음으로 시작해 만 보의 걸음을 달성한다는 것은 꽤 의미 있는 일이다. 하루에 만 보를 걷다 보면 인생의 깊이를 알게 되고, 더욱 성숙하게 될 것이다. 사람과의 관계도 만 보를 걷는다는 생각으로 첫걸음부터 떼어보자. 적극적으로 내가 먼저 다가가서 손을 내미는 일도 만 보 걷기의 시작이 될 수 있다. 한걸음 한걸음 걷다 보면 언젠가는 만 보라는 상한가에 다다를 수 있다.

오늘 함께 모인 친구들과 함께 인생의 상한가에 이르기 위해 가슴을 활짝 펴고 건배의 잔을 높이 들어보자. 서로에게 상한가를 외쳐주자.

상심하지 말고 한탄하지 말고 가슴을 펴자

"상한가!"

●

모든 것을 손에 넣으면 희망이 사라진다.

언제나 어느 정도의 욕심과 희망을 남겨두어라.

발타자르 그라시안

● ●

희망의 봄은 달아나지 않고 당신을 기다린다.

사람의 굳은 뜻으로 못할 일이 없다.

웨날크

의자왕

의욕과 / 자신감을 가지고 / 왕창 돈 벌자

뇌를 움직이는 자신감

"제가 잘할 수 있을까요?", "조금 어려울 것 같은데요", "실수하면 어떡하죠?"라는 말과 "네, 할 수 있습니다", "어렵더라도 한번 해보겠습니다", "실수하면 다시 하면 되죠"라는 말의 차이는 무엇일까? 후자가 더 긍정적이라는 것이다. 이런 마음가짐으로 자신 있게 도전한 사람이 성공할 확률이 높은 것은 분명하다.

미국의 44대 대통령 버락 오바마는 80퍼센트의 지지율을 얻으며 남녀노소를 불문하고 많은 사랑을 받았다. 친화적이고 서민적인 그의 모습에 많은 사람들이 열광했고, 퇴임 후에도 별다른 스캔들 없이 존경받고 있다. 그런데 그를 뛰어넘는 인기를 한몸에 받은 이가 있다. 바로 그의 부인 미셸 오바마다. 흑인이지만 당당하고 자신감 있는 행동으로 주목받았던 그녀는 대통령 부인보다 차기 대통령감이라는 소리를 들을 정도로 인기를 끌었다. TV에 출연해 어색하지만 열심히 춤을 추는 등 과감하면서도 솔직한 모습을 보여주었고, 패션 잡지의 표지에 등장하기도 했다. 사람들은 자신감 넘치고 당당한 그녀를 좋아했다. 그녀는 민소매를 즐겨 입으며 검은 피부를 감추지 않았다. 자신을 사랑하는 마음과 자신감이 있었기에 가능한 일이었다. 대통령인 남편과 함께 걸을 때도 뒤따라가기보다는 나란히 걷는 것을 좋아했다. 그녀는 자신을 사랑하고 자신감을 늘 잃지 않았던 퍼스트레이디였다.

'할 수 없다'는 우리가 자주 쓰는 부정적인 말 중에 하나다. 해보지도 않고 미리 할 수 없다고 말하는 사람들이 많다. 그런데 이런 말을 하면 정말로 할 수 없게 된다. '할 수 없다'는 말을 들은 뇌가 잠재의식 속에서 그 말에 부합하는 증거를 찾기 때문이다. 할 수 없다고 말했으니 정말 할 수 없어야 본능적으로 몸이 안정을 찾는다고 한다. 반면 '할 수 있다'고 말할 때도 뇌는 똑같이 작용한다. 뇌로부터 명령을 받은 잠재의식이 그 말에 부합하는 증거를 찾기 위해 노력하기 때문에 결국 할 수 있게 되는 것이다.

미국의 시인 랠프 왈도 에머슨은 "자신에 대한 자신감을 잃으면 온 세상이 나의 적이 된다"고 말했다. 리더일수록 자신감을 배양하고 유지하기 위해 항상 노력해야 한다. 길을 잃지 않으면 새로운 길을 발견할 수 없다. 길을 잃었을 때 자신감을 가지고 다시 도전해야 새로운 길을 발견할 수 있다. 나에게 부족한 점이 있다면 그것을 장점으로 승화할 수 있도록 부단히 노력해야 한다. 자신감 향상은 결국 자신과의 싸움이기 때문이다.

소크라테스는 "세상을 움직이고 싶다면 자신부터 움직여라"고 말했다. 세상의 무엇이든 그 출발은 자신으로부터 시작된다는 뜻이다. 따라서 자신을 강하게 만들고 행동하게 만드는 자신감을 키우기 위해 부단히 노력해야 한다. 오늘도 자신감을 가지고 하루를 살아온 동료들을 위해 축배의 잔을 들자. 비록 힘겨운 하루였지만 술잔을 채우고 자신감을 채우는 시간을 가져보자.

의욕과 자신감을 가지고 왕창 돈 벌자

"의자왕!"

●

겸손해져라.

그것은 다른 사람에게

가장 불쾌감을 주지 않는 종류의 자신감이다.

쥘 르나르

● ●

나는 힘과 자신감을 찾아 항상 바깥으로 눈을 돌렸지만,

자신감은 내면에서 나온다.

자신감은 언제나 그곳에 있다.

안나 프로이트

비행기

비전을 가지고 / 행동에 옮기면 / 기적이 일어난다

방향을 세우고 행동하라

2009년 1월 15일, 미국 뉴욕주 동부를 흐르는 강에 비행기 한 대가 불시착했다. 비행 중에 새떼를 만나 모든 엔진이 멈추면서 강으로 추락한 것이다. 그런데 기적이 일어났다. 항공기는 일단 사고가 나면 거의 전원이 사망하는데 탑승객 155명 모두 안전하게 비행기에서 내려올 수 있었던 것이다. 바로 '허드슨강의 기적'이라 불리는 항공기 추락 사고였다. 기적은 베테랑 기장 체슬리 설렌버거에 의해 일어났다. 그는 다른 공항으로 비행기를 돌리는 것보다 강으로 불시착하는 것이 살아남을 확률을 높일 것이라고 판단했다. 당시 불시착 현장은 뉴스를 통해 전 세계로 중계되었고 승객들 전원이 안전하게 구조되면서 그는 국민적 영웅이 됐다. 이날의 사고가 〈허드슨강의 기적〉이라는 영화로 제작되었는데 영화에서 기장 역을 맡은 톰 행크스는 언론이 영웅으로 치켜세우는 상황에서 자신의 판단이 최선이었는지 되물으며 "기적은 함께 이뤄 낸 것이다"라고 말했다.

기적은 아주 희소하지만 분명히 일어날 수 있는 것이기에 사람 들은 희박한 확률에도 희망을 건다. 삶과 죽음이 오가는 그 순간 에 기장과 승객들은 기적을 바랐을 것이다. 하지만 기적은 절대 그냥 오지 않는다. 확신이 있어야 하고 행동이 따라야 한다. 기장 은 강으로 착륙하는 것이 생존율을 높일 것이라고 확신했고, 그 방향으로 비행기를 틀었다. 승객들은 그의 확신을 믿고 지시에 따 랐다. 그런데 확신과 행동보다 더 중요한 것이 있었다. 바로 방향 이다. 그들은 허드슨강이라는 방향을 명확하게 세웠기 때문에 확 신을 가지고 행동할 수 있었다. 방향을 세우고 확신을 가지고 행 동에 옮겼기 때문에 기적을 만들어낸 것이다.

방향은 곧 목표이자 비전이다. 꿈은 추상적이고 다가가기 어렵 지만 방향과 비전은 구체적인 실천 사항을 담고 있다. 비전을 세 우고 행동에 옮겨보자. 그다음에 따라오는 기적은 신이 주는 선물 이다.

비전을 가지고 행동에 옮기면 기적이 일어난다
"비행기!"

선창과 후창이 멋진 건배사

술잔은 비우고(선창) 마음은 채우고(후창)

우리가 돈이 없지(선창) 가오가 없냐(후창)

나마스떼(선창) 나마스떼(후창)

파란(선창) 만장(후창)

동무(선창) 마시라우(후창)

잘 부탁드립니다(선창) 오냐(후창)

스트레스여(선창) 가라(후창), 행복이여(선창) 오라(후창)

마서불엉(선창) 마신당케(후창)

이멤버(선창) 리멤버(후창)

반갑다(선창) 친구야(후창)

이대로(선창) 나가자(후창)

응답하라(선창) 보너스(후창)

미생에서(선창) 완생으로(후창)

일취월장(선창) 승승장구(후창)

이대로(선창) 고대로(후창)

혼자서도 잘하나(선창) 네 형님(후창), 함께해도 잘하나(선창) 네 형님(후창),

    그럼 모두 마시자(선창) 네 형님(후창)

기쁨은 더하고(선창) 슬픔은 빼고(후창), 사랑은 곱하고(선창) 행복은 나누자(후창)

술은 더하고(선창) 안주는 빼고(후창), 폭탄은 곱하고(선창) 계산은 나누자(후창)

비전이란 보이지 않는 것을 보는 기술이다.

조너선 스위프트

꿈을 이루는 것을 불가능하게 만드는 유일한 한 가지가 있다.

바로 실패에 대한 두려움이다.

파울로 코엘료

어떤 사람이 링컨에게 물었다.

"교육도 제대로 받지 못한 농촌 출신이

어떻게 변호사가 되고 대통령까지 될 수 있었습니까?"

링컨은 대답했다.

"내가 마음먹은 날, 이미 절반은 이루어진 것입니다."

《세일즈 바이블》 중에서

뚝배기

뚝심 있고 / 배짱 있고 / 기운차게

한계점을 높여라

한 곤충학자가 벼룩으로 재미있는 실험을 했다. 바닥에서 1미터나 뛰어오를 수 있는 벼룩을 1미터가 채 안 되는 투명한 통에 넣고 뚜껑을 닫아본 것이다. 평소에 뛰어오를 수 있던 높이보다 훨씬 낮은 공간에 놓인 벼룩은 뚜껑의 높이를 생각하지 못하고 계속 뛰어올랐다. 부딪치는 것은 당연했지만, 벼룩은 계속 뛰어올랐다. 뛰어오르고 부딪치는 것을 반복하는 벼룩을 한참 동안 지켜보던 학자는 이번에 뚜껑을 열고 벼룩을 바닥에 내려놓았다. 결과는 어땠을까? 밖으로 나온 벼룩은 있는 힘껏 땅을 박찼지만 평소에 오를 수 있었던 1미터에 크게 못 미쳤다. 학자는 이를 '벼룩효과'라고 명명하면서 부정적인 장애물이나 경험에 장기간 노출되면 자신감이 감소되어 무기력해지고 결과도 평소에 못 미친다고 말했다.

목표를 높게 잡으면 도달하기 전에 거치는 장애물의 높이도 높게 위치해 있기 때문에 처음부터 높이 뛸 수 있다. 그리고 높이 뛰기 위해 노력하다 보면 어느새 남들보다 더 높은 자리에 오르게 된다. 한계점을 자신의 능력보다 높게 잡고 그것에 도달하기 위해 노력하다 보니 결국 한계점에 닿는 것이다. 하지만 한계점을 낮게 잡으면 장애물의 높이도 낮아지기 때문에 아무리 높이 뛰려고 해도 장애물의 높이를 넘어설 수 없다. 목표를 낮게 잡으면 그것을 달성하기 위한 동기와 의욕마저 감소하는 것이다. 목표까지만 뛰면 되므로 목표점보다 더 높이 뛰어넘고 싶은 욕망이 줄어든다. 이것이 벼룩효과다.

결국 마음먹기에 달렸다. 성공한 CEO들의 과거를 살펴보면 대부분 목표점을 높게 잡았다. 자신의 능력치보다 더 높게 목표를 잡고 부단히 노력했다. 그리고 여기에 욕망이라는 것을 더했다. 지나친 욕망은 경계해야 하지만 적당한 욕망은 동기를 유발하고 더 높이 뛸 수 있는 에너지를 만들기 때문이다. 나폴레온 힐은 "성취에 이르기 위한 출발점은 욕망이다. 보잘것없는 욕망은 보잘것없는 결과를 가져온다. 작은 불씨로는 작은 열을 낼 수밖에 없는 것과 똑같은 이치다"고 말하며 욕망의 필요성을 강조했다.

적당한 욕망을 가지고 우리의 한계점을 좀더 높여보자. 인간은 스스로가 한계점을 조절할 수 있다. 얼마든지 한계를 높일 수 있다는 말이다. 자신의 역량을 뛰어넘는 한계까지 도전하다 보면 어느 순간 닿을 수 있다. 탐욕이 아닌 건전한 욕망을 더해 뚝심 있고 배짱 있게, 그리고 기운차게 자신이 정한 한계점을 뛰어넘자.

뚝심 있고 배짱 있고 기운차게
"뚝배기!"

●

전부를 취하면 전부를 잃는다.

《팔만대장경》 중에서

● ●

야망도 일종의 노력이다.

칼릴 지브란

● ● ●

욕망과 사랑은 위대한 행위를 위한 두 날개다.

에우리피데스

● ● ● ●

매력적인 사람이 되기 위해서는 욕망을 가질 필요가 있다.

프란체스코 알베로니

무조건

무진장 힘들어도 / 조금만 참고 우리 모두 / 건승하자

임계점이 없는 것은 지구상에 없다

군인 남편을 따라 사막에 위치한 훈련소에서 잠시 살게 된 한 여자가 있었다. 그곳은 매일 50도를 넘나드는 뜨거운 날씨와 모래바람으로 훈련받은 군인들에게도 너무나 힘든 환경이었다. 결국 그녀는 참다못해 아버지에게 집에 돌아가고 싶다고 편지를 보냈고, 아버지는 다음과 같이 짧은 답장을 보내왔다. "두 사람이 감옥에서 철창 밖을 보았다. 한 사람은 진흙땅을 보았고 한 사람은 밝게 빛나는 별을 보았다." 아버지의 편지를 읽고 그녀는 사막을 다르게 보기 시작했다. 생각이 달라지니 모든 것이 달라 보였다. 무섭게만 느껴졌던 인디언들이 친구가 되었고, 하찮게 여겨졌던 사막의 식물과 동물들이 가치 있는 연구 대상이 되었다. 사막은 변함없었지만 그녀는 달라졌다. 모래언덕만 가득했던 그녀의 눈동자에 어느새 사막의 아름다운 밤하늘과 별빛이 자리 잡았고, 모래

바람은 사막에서만 경험할 수 있는 신기한 일상이 되었다. 결국 사막 생활은 그녀의 인생에서 최고의 순간으로 기록되었다. 그녀는 바로《빛나는 성벽》을 쓴 미국의 어류 작가 델마 톰슨이다.

축구 경기를 시작하기 전에 동전을 던져서 공격과 수비를 결정한다. 작은 크기지만 정확하게 양면이 있기 때문이다. 인생도 동전처럼 실패와 성공이라는 양면을 가지고 있다. 이 두 가지는 동전처럼 등을 맞대고 있어 성공을 뒤집으면 실패가 나오고 실패를 뒤집으면 반드시 성공이 나온다. 그래서 두려워할 필요가 없다. 동전을 뒤집었는데 실패의 면이 나왔다면 다시 한번 뒤집으면 된다. 실패는 성공의 반대말이지만 어찌 보면 성공으로 뒤집히기 직전 상태라고 할 수 있다.

사물이 어떠한 기준에 의해 분간되는 한계를 '임계臨界'라고 한다. 물은 99도에서 끓지 않고 100도에 도달해야 비로소 끓기 시작하는데 이때의 온도가 임계점이다. 비행기가 이륙하는 순간도 임계점으로 설명할 수 있다. 이륙 직전 활주로를 내달릴 때는 많은 연료가 필요하지만 일단 이륙한 후 비행하는 동안은 연료 소모량이 현저하게 떨어진다. 이륙을 위한 마찰 임계점을 넘어섰기 때문이다. 활주로를 열심히 달리며 인내의 구간을 버텼기에 비행기는 창공을 멋지게 비행할 수 있다.

성공도 마찬가지다. 수많은 장애물 앞에서 넘어지는 고통을 겪다 보면 어느 순간 임계점에 닿게 되고, 이를 넘어서면 결국 성공이라는 폭죽을 터뜨리게 된다. 임계점을 넘어서면 그동안 이 지점에 닿기 위해 쏟아부었던 노력보다 훨씬 적은 노력으로도 기존의 성공을 유지할 수 있다. 그래서 힘든 상황이 오더라도 포기하지 말고 끝까지 도전해야 한다.

임계점이 없는 것은 지구상 어디에도 없다. 끝이 없어 보이는 망망대해도 육지와 접하는 임계점이 있고, 가도 가도 끝나지 않는 길도 결국 막다른 길에 이른다. 저마다 성공을 위한 임계점의 위치, 그리고 임계점을 향해 노력하고 인내하는 방식만 다를 뿐이다. 누구에게나 임계점이 주어진다. 누구나 보이지 않게 고통을 참고 노력한다. 포기하지 않고 달려가다 보면 어느새 임계점을 넘어 행복한 나를 발견하게 된다. '다음 기회에 하면 되지'라고 말하며 포기하는 사람에게는 결코 다음 기회가 오지 않는다.

하늘을 향해 힘차게 동전을 던져보자. 앞면이 나오면 '한다'고 결정하고, 뒷면이 나오면 '포기하지 않는다'고 결정하자. 지금 힘든 상황에 처해 있더라도 인내하는 사람은 좋은 결과를 얻을 수 있다. 임계점은 누구에게나 있기 때문에 참고 전진하면 된다. 힘들어도 포기하지 말고 건배사로 기운을 모아보자.

무진장 힘들어도 조금만 참고 우리 모두 건승하자
"무조건!"

"100년을 살 수 있기를
그동안의 죄를 뉘우칠 1년과 함께!"

한 여행가가 항해 도중 폭풍우를 만나면서 소인국에 들어가 신기한 경험을 하는 이야기로, 부패한 영국 사회를 신랄하게 비판하고 풍자한 소설이 바로 《걸리버 여행기》다. 이 소설의 작가 조너선 스위프트는 발표한 글들이 인기를 끌면서 집권당인 토리당을 대표하는 정치평론가로도 활동했다. 그는 기념일마다 "100년을 살 수 있기를"이라는 건배사를 자주 사용했다고 한다.

작가 박노해는 "누구라도 죄를 지으면 처벌받는다는 '두려움의 전율'이 살아 있게 하라. 그렇지 않으면 정의가 죽고 말 것이다"고 말했다. 1년의 뉘우침이 평생 지은 죄를 덮을 수는 없지만 최소한 '두려움의 전율'을 살아 있게 함으로써 더 이상 죄를 짓지 않도록 할 수 있다. 그들에게는 '두려움의 전율'보다는 '포기의 두려움'이 더 크기 때문이다. 진정한 100년을 살기를 원한다면 먼저 버리고 비워야 한다. 앞으로 살아가면서 채워나갈 아름다운 것들을 생각해 보자.

실패를 걱정하는 순간부터 그 일은 실패를 향해 간다.

기왕이면 성공에 대한 걱정을 하자.

미상

걸림돌을 징검다리로 만들어라.

칭기즈칸

실패가 아니었다.

작동하지 않은 만 가지 방법을 발견해 낸 것뿐이다.

토머스 에디슨

아이오유

아름다운 / 이 사람들과 / 오붓하고 / 유별나게

유별남으로 남다름을 보여주자

남자들이 모이면 꼭 빼놓지 않고 하는 이야기가 있다. 군대 이야기와 군대에서 축구한 이야기다. 그리고 하나 덧붙인다면 군대에서 만난 '고문관' 이야기다. 고문관은 주위 사람들을 힘들게 만들어 도저히 어떻게 개선할 도리가 없는 사람을 비유하는 말이다. 말하자면 유별난 행동을 하는 사람이다. 남과는 다른 유별난 행동 때문에 왕따가 되고 무시당하기 일쑤지만 제대하고 오랜 시간이 지난 후에 만나보면 성공한 사람들이 의외로 많다.

유별난 사람에게는 뭔가 특별한 것이 있다. 그들은 일반인보다 호기심이 많고 적극적이며 예민하다. 정상인 같지만 어찌 보면 비정상으로 보일 때가 많아 의학적인 용어로 감각과민증이 있다고도 말한다. 이들은 상당히 예민한 감각을 가지고 있어 가까이하기 힘들고 꽤 까다로운 사람으로 오해받기도 한다. 하지만 감각과민증이 있다고 해서 모두가 나쁜 것은 아니다. 감각적 민감도가 상당히 높아 감수성이 좋고 창조적이어서 큰 역할을 하는 사람들이 많기 때문이다. 특히 미술이나 음악 등 예술적 감각이 필요한 분야에서 감각과민증이 있는 사람이 두각을 나타내는 경우가 많다. 민감도가 높은 만큼 타인의 감정 변화도 잘 포착해 도움을 줄 수 있는 방법을 누구보다도 먼저 제시하기도 한다.

"모난 돌이 정 맞는다"는 속담처럼 우리는 유별나게 튀는 행동을 하면 안 된다고 교육받아 왔다. 그래서 조용히 자중하고 나서지 않는 것이 미덕으로 여겨져 왔다. 유별난 사람은 문제가 있는 사람으로 치부됐고, 조직은 그를 배제하기에 바빴다. 그들의 감수성과 예민한 감각으로 인해 나타나는 긍정적인 면은 외면되기 일쑤였다.

하지만 생각이 바뀌면 태도가 바뀌고 태도가 바뀌면 세상도 바뀐다. 유별난 사람이 성공이라는 키워드로 조명되는 TV 프로그램만 봐도 그렇다. 스크린에서 보여지는 유별난 사람들의 이야기는 곧 성공 스토리로 부러움의 대상이 된다. 유별함이 인정받고 그들의 특이함을 배우려는 사람들이 많아지고 있다.

유별나게 말해 보고 행동해 보자. '유별남'을 다른 말로 표현하면 '남다름'일 것이다. 남과 다른 당신은 이미 한 걸음 앞서 있기 때문에 자신 있게 나가도 된다. 비록 정을 맞는다 해도 유별함은 당신을 다시 보게 하는 계기가 될 것이고, 새로운 도전의 장을 마련해 줄 수 있다. 오늘 함께한 사람들과 유별나게 건배사를 한번 나눠보자. 식상한 건배사는 던져버리고 과감하고 유별나게 외쳐보자.

아름다운 이 사람들과 오붓하고 유별나게
"아이오유!"

골프 건배사

원샷 | 원하는 방향과 거리만큼 / 샷은 정확하게

올파 | 올해도 / 파이팅

이글 | 이미 집에 가기는 / 글러부렀어

올파파 | 올해도 / 파이팅하고 / 파이팅합시다

올버디 | 올해도 / 버팀목이 되고 / 디딤돌이 되자

올보기 | 올해도 / 보람 있고 / 기분 좋게 지냅시다

홀인원 | 홀애비 냄새 난다 / 인물만 보지 말고 / 한(원) 명만 잡아라

나이스 | 나가 시방 일어난다 / 이제 니들 죽었어 / 스마일

일파만파 | 한 사람이 / 파이팅하면 / 다 같이 / 파이팅한다

싱글벙글 | 골프는 싱글 / 사랑은 벙글

골프는 굿샷 / 술잔은 원샷

견해가 유별나다고 해서 두려워하지 마라.

지금 인정하고 있는 모든 견해들이

한때는 유별나다는 취급을 받았으니까.

버트런드 러셀

거북이와 암탉

"거북이는 아무도 모르게 수천 개의 알을 낳지만 암탉은 한 개의 알을 낳아도 온 동네가 안다"는 말레이시아 속담이 있다. 성공은 거북이와 같다. 화려한 겉모습에서 나오는 것이 아닌 내면에서 나오는 것이다. 많은 사람들이 알아주지 않아도 인내하고 꾸준히 노력하다 보면 비교할 수 없을 정도의 성공이 눈앞에 펼쳐지는 것이 인생이다. 암탉은 잡아먹지만 거북이는 더 오래 살도록 보살핀다.

PART **3**

'같이의 가치'가 있는 건배사

모이면 시작, 같이 있으면 발전, 함께 일하면 성공한 것이다.

– 헨리 포드

반고흐

반갑습니다 / 고맙습니다 / 흐뭇합니다

한 명의 옛 친구가 두 명의 새 친구보다 낫다

〈해바라기〉, 〈별이 빛나는 밤에〉, 〈밤의 카페〉 등 강렬한 색감으로 후기 인상파 화가를 대표하는 빈센트 반 고흐는 37세의 젊은 나이에 절명했다. 그는 밤에도 모자 위에 초를 올려놓고 그림을 그렸을 정도로 그림에 미친 사람이었다. 하지만 불행히도 살아 있는 동안 딱 한 개의 작품밖에 팔지 못할 정도로 대중의 사랑을 받지 못했고, 그러다 보니 지독한 가난과 고독이 그의 유일한 친구였다.

그런데 그에게는 잘 알려지지 않은 친구가 있었다. 줄리앙 프랑수아 탕기라는 물감 파는 상인이었다. 마음씨 좋은 그는 그림을 그릴 돈이 없는 가난한 화가들에게 그림값을 미리 치러주거나 외상으로 물감을 주기도 했다. 사람들은 그를 탕기 아저씨라 불렀다. 그는 고흐와 특별한 사이였다. 누구보다도 고흐의 천재적인 능력을 알아본 탕기는 돈이 없어서 작품 활동을 하지 못하는 그를 위해 재정적인 지원을 아끼지 않았다. 까칠한 성격 때문에 친구가 없었던 고흐의 친구도 되어주었다. 고흐는 자신을 알아준 물감 장수 탕기 아저씨에게 보답하기 위해 그에게 초상화 세 점을 그려줬는데 그중 하나가 바로 〈탕기 영감의 초상〉이다.

어떠한 상황에서든 당신을 믿어주고 위로해 줄 친구가 있는가? "옛 친구 하나가 새로운 친구 둘보다 낫다"는 말이 있다. 새로운 친구를 사귀는 것도 중요하지만 나와 함께 오랜 인연을 쌓아온 친구가 더 소중하다는 말이다. 평생 외톨이였던 고흐에게도 자신을 알아주고 지원해 준 탕기 영감 같은 친구가 있었기에 후손들은 그의 명작을 감상할 수 있게 되었다.

서양미술 역사상 가장 위대한 화가 중의 한 사람으로 꼽히는 빈센트 반 고흐. 오늘 하루쯤은 그의 작품 〈별이 빛나는 밤에〉을 기억하기보다는 그를 믿고 도와준 탕기 영감을 떠올려보는 것이 어떨까? 탕기와 같은 친구가 나의 곁에 있는지 주위를 살펴보고, 있다면 이렇게 외쳐보자.

반갑습니다 고맙습니다 흐뭇합니다
"반고흐!"

자주 만납시다 문재인 대통령 첫 건배사 (2017. 6. 9.)

지난 2017년 5월, 국정농단 사태라는 사상 초유의 대혼란을 겪은 대한민국은 문재인 후보를 제19대 대통령으로 선출했다. 취임 후 국민과의 눈높이를 맞추고자 노력한 대통령은 하루도 쉴 틈 없는 광폭 행보를 보여줬다. 그해 6월에는 취임 후 처음으로 여당 지도부와 청와대 회동을 가진 자리에서 와인잔을 들며 "자주 만납시다"라는 건배사를 제안했다. 그의 건배사는 평범했지만 '만남'의 메시지가 '9·24정상회담'이라는 역사로 이어졌고, 남북이 다시 하나가 될 수 있는 가능성을 극대화했다.

만남은 소통을 만들고 만사형통을 가져온다. 어지럽게 꼬여 있는 형국을 풀 수 있는 첫 열쇠가 된다. 그 열쇠를 손에 넣기 위해서는 우선 만나야 한다. 밖으로 나가는 출구는 결국 또 다른 입구로 연결된다. 출구와 입구를 가르는 것이 만남이다. 어떤 문을 여느냐에 따라 출구가 될 수도, 입구가 될 수도 있다. 어떤 방향이든 무조건 만나야 한다.

나는 사람을 사랑하는 것보다

더 중요한 예술은 없다고 생각한다.

나는 그림 그리기를 꿈꾸면서 나의 꿈을 그리고 있다.

상상력과 영감을 가라앉히지 말라. 규범의 노예가 되지 말라.

가장 어두운 밤도 언젠가는 끝나고 해가 떠오를 것이다.

내가 확신을 가지고 모든 것을 안다고 말할 수 없지만

밤하늘의 수많은 별들은 나를 꿈꾸게 만든다.

만약 그 무엇도 시도할 용기가 없다면

인생은 무슨 의미를 갖겠는가?

지루함 때문에 죽는 것보다 열정으로 죽는 것이 낫다.

정상적이라는 건 포장된 도로 같아서 걷기는 쉽지만

그 위에는 절대 꽃이 피지 않는다.

빈센트 반 고흐

무한도전

무조건 도와주고 / 한없이 도와주고
도와달라고 하기 전에 도와주고 / 전화 걸기 전에 도와주자

무조건 도와주는 친구가 돼라

두 친구가 길을 걷고 있었다. 그런데 갑자기 비가 내리기 시작해 인근 처마에서 비를 피하기로 했다. 그런데 좀처럼 비가 그칠 기미를 보이지 않자 한 친구가 말했다. "도대체 비가 언제 그치는 거야? 그치기나 할까?" 그러자 다른 친구가 웃으면서 말했다 "이봐, 친구, 그치지 않는 비를 본 적이 있나?"

'친구'는 인디언 말로 '내 슬픔을 자기 등에 지는 사람'이라고 한다. 어려운 일을 당했을 때 도와줄 수 있는 친구가 진정한 친구이며, 슬픔을 함께 나눌 수 있는 친구가 진정한 친구라는 것이다. 하지만 아주 친한 친구라 해도 모든 것을 도와주고 모든 어려움을 나눠 가질 수는 없다. 친구에게도 그만의 사정이 있을 수 있기 때문이다. 친구가 슈퍼맨은 아닌 것이다.

어떤 부탁이든 다 들어줄 수는 없어도 어떤 이야기든 다 들어

줄 수 있는 친구가 더 소중하다. 당신을 향해 마음과 귀를 열어놓은 친구가 한 명이라도 있다면 당신은 괜찮은 인생을 살고 있는 것이다. 좋을 때 만나는 친구보다 힘들고 어려울 때 만나는 친구가 얼마나 있는지 주위를 둘러보자. 그런 친구가 많지 않다면 내가 먼저 그런 친구가 되어주기 위해 힘써 보는 것도 좋다.

상황이 좋을 때는 누구나 친구가 될 수 있지만 어려울 때 함께 있어줄 친구는 많지 않다. 이해인 수녀는 "부를 때마다 내 가슴에서 별이 되는 이름, 존재 자체로 내게 기쁨을 주는 사람이 바로 친구"라고 말했다. 어디에서든 환영받고 누구에게나 힘이 되는 그런 친구, 상대의 가슴에 별이 되는 친구가 되는 일은 그 자체만으로도 멋진 일이다. 내 이야기를 잘 들어주는 귀를 가지고, 절망적인 상황에서도 긍정의 에너지를 가지고 있는 친구가 주변에 있는가? 비가 내리면 우산을 찾듯이 어려울 때 찾고 싶은 친구가 있는가? 있다면 당신은 행운아다. 어릴 적 학교 친구나 군대 동기, 직장 동료가 친구가 될 수는 있다. 하지만 진정한 친구가 되지 않으면 그들은 그저 스쳐 가는 인연에 지나지 않는다. 니체와 쇼펜하우어 등 수많은 지식인에게 영향을 미쳤던 철학자이자 신부인 발타자르 그라시안은 "친구를 갖는 것은 또 하나의 인생을 갖는 것"이라고 말했다.

나의 인생길을 확장하고 튼튼하게 해주는 친구가 바로 평생 함께할 친구다. 그리고 당신도 그런 친구가 되어야 한다. '좋은 친구를 사귀어야지'가 아니라 '좋은 친구가 되어야지'라는 마음을 늘 품어야 한다. 욕심을 버리고 내가 먼저 손을 내밀어야 친구를 만들 수 있다. 그러기 위한 제1원칙이 아낌없이 도와주고 무조건 도와줘야 한다는 것이다.

무조건 도와주고 한없이 도와주고 도와달라고 하기 전에 도와주고 전화 걸기 전에 도와주자

"무한도전!"

●

선물로 친구를 사지마라.

선물을 주지 않으면 그 친구의 사랑도 끝날 것이다.

토마스 풀러

● ●

누구에게나 친구는 어느 누구에게도 친구가 아니다.

아리스토텔레스

● ● ●

다정한 벗을 찾기 위해서는 천 리 길도 멀지 않다.

톨스토이

오징어

오래도록 / 징그럽게 / 어울리자

협력으로 조직력을 키워라

직장 생활을 하다 보면 업무보다 더 어려운 난관에 봉착하게 되는 것이 바로 '인간관계'다. 1분 차이로 태어난 쌍둥이도 서로 성격이 달라 싸우는 일이 많은데 완전히 남이라면 오죽할까? 사람은 같은 곳을 보면서도 생각이 다르고 행동이 다르다. 신체 구조가 다르듯 발휘할 수 있는 능력도 다르다. 그렇기 때문에 동일한 업무를 처리하더라도 결과물은 제각각 다를 수밖에 없다. 인간관계도 마찬가지다. 넘치는 사람이 있는가 하면 부족한 사람도 있기 때문이다.

'나무통 이론'이라는 것이 있다. 미국의 관리학자 로런스 피터는 "나무통이 아무리 높아도 물을 담을 수 있는 높이는 그중 가장 짧은 나뭇조각까지다"라고 말했다. 나뭇조각을 이어서 만든 물통은 이음새로 물이 새기 때문에 아무리 커도 짧은 나뭇조각까지밖에 물을 담을 수 없다. 조직도 나무통에 비유할 수 있다. 능력이 출중한 직원은 긴 나뭇조각이고 능력이 부족한 직원은 짧은 나뭇조각에 해당한다. 이런 관점에서 보면 조직의 경쟁력도 가장 능력이 부족한 직원이 결정한다. 결국 능력이 저조한 직원을 평균 이상으로 끌어올리는 것이 조직을 살리고 경쟁력을 높이는 지름길이다. 이때 필요한 것이 바로 협력이다.

최근 지구 온난화로 인해 동해의 수온이 상승하면서 국내 어장에 오징어가 사라졌다. 서식지 환경의 변화로 더 이상 버틸 수 없었던 오징어들이 새로운 터전을 찾아 떠나기 시작한 것이다. 수입산이 빈자리를 대신하고 있지만 조금은 비싸더라도 오늘 저녁 술안주로 국내산 오징어 한 접시를 놓고 모두의 협력과 화합을 위해 건배사를 외쳐보면 어떨까? 험한 바다를 함께 헤쳐 나가는 오징어를 생각하며 술잔을 모아보자.

오래도록 징그럽게 어울리자
"오징어!"

●

우리 서로 사랑하면 언제나 봄

이해인

● ●

군자는 화합하되 서로 같지 않고
소인은 서로 같되 화합하지 않는다.

《논어》 중에서

● ● ●

두 여인을 화합시키는 것보다
유럽 전체를 화합시키는 편이 쉽다.

루이14세

동사무소

동료를 / 사랑함이 / 무엇보다 / 소중하다

함께 같은 곳을 바라보자

중국 전국시대 위나라의 명장 오기에 대한 이야기다. 오기는 부하들을 아끼는 마음이 극진해 종기로 괴로워하는 병사가 있으면 직접 입으로 상처 부위의 고름을 빨아주었다고 한다. 모든 것이 열악한 전장에서 직접 고름을 짜내는 것 외에 변변한 치료법이 없었기 때문이다. 어느 날 한 병사의 어머니가 아들의 몸에 생긴 종기를 오기 장군이 입으로 빨아주었다는 소식을 듣고 대성통곡을 했다. 주위 사람들이 의아해 묻자 그녀의 대답은 이랬다. "예전에도 아들의 아버지가 종기가 났을 때 장군이 입으로 고름을 빨아주었는데, 그것에 감동한 남편이 장군을 위해 몸을 바쳐 전투에 임하다 전사했습니다. 아들의 운명도 그리 될까 두려워 웁니다."

동료 간의 신뢰, 상사와 부하직원 간의 존경과 믿음은 어디에서 오는 것일까? 미국의 관리학자 조지프 길버트는 "사람은 자기가 좋아하는 사람을 위해 일하기를 원한다"고 말했다. 연인이 사랑하는 사람을 위해 헌신하고, 독립운동가가 조국을 위해 목숨을 바치는 것도 이와 같다.

조직에서도 사랑의 관계가 필요하다. 연인 관계에서 말하는 사랑이 아니라 상사와 부하직원 그리고 동료와 선후배 간에 형성된 신뢰와 존경을 말하는 것이다. 이 두 가지는 서로 교차하는 것이 아니라 한곳을 지향해야 한다. 바라보는 방향이 같아야 한다. 작가 생텍쥐페리는 "사랑은 둘이 마주 보는 것이 아니라 함께 같은 곳을 바라보는 것이다"고 말했다. 서로 마주 보며 관찰자로 남지 말고 한곳을 함께 바라봄으로써 같은 목표를 세우고 이를 위해 함께 노력해야 한다는 것이다.

마주 보는 것은 그저 돌아서서 쳐다보기만 하면 된다. 서로 생각은 달라도 마주 볼 수 있다. 하지만 같은 곳을 보려면 생각과 비전을 함께 나눠야 한다. 그래서 마주 보고 걷는 것이 아니라 같은 곳을 보고 나란히 걷기가 더 힘든 일이며, 그렇게 했을 때 얻을 수 있는 행복이 더 크다.

동료를 신뢰하고 존경을 표하기에 딱 좋은 날이지 않은가?

오늘은 가볍게 술잔을 들고 동사무소를 크게 외쳐보자.

동료를 사랑함이 무엇보다 소중하다

"동사무소!"

축배의 노래

전 세계적으로 유명한 베르디의 오페라 〈라 트라비아타La Traviata〉는 '길을 잘못 든 여자'라는 뜻으로 매춘부 비올레타와 상류층 남자 알프레도의 운명적 사랑을 다루었다. 우리나라에서는 1948년 명동 시공관에서 〈춘희椿姬〉(동백 아가씨)라는 제목으로 초연됐다. '마시자, 마시자'라는 구호로 강렬하게 시작하는 '축배의 노래'는 〈라 트라비아타〉의 하이라이트 중 하나이다. '사랑은 덧없는 것이고, 쾌락보다는 진실한 사랑이다'라는 외침과 '순간의 쾌락이 모든 것'이라는 상반된 입장은 주인공들의 엇갈린 운명을 암시한다. 파리 상류사회의 이중적인 모습과 그릇된 윤리관을 비판한 〈라 트라비아타〉는 동시대 이야기를 비판적으로 다루었다는 이유로 구설에 오르자 이야기 속 배경을 백 년 전으로 끌어올리기도 했다. 아름다움의 허상과 신분 차별, 그리고 죽음에 대한 깊은 성찰을 담은 오페라 〈라 트라비아타〉는 그래서 오랫동안 사랑받고 있다.

●

사랑은 손 안에 머문 수은과 같다.

손가락을 펴면 수은은 손바닥에 남지만

잡으려고 움켜쥐면 멀리 달아난다.

도로시 파커

● ●

사랑은 의지의 실천이다.

하고자 하는 의도와 행동,

두 가지를 같이 묶은 것이 사랑이다.

M. 스코트 팩

● ● ●

진짜 유일한 마술, 유일한 힘, 유일한 구원, 유일한 행복,

사람들은 이것을 소위 사랑하는 것이라고 부른다.

헤르만 헤세

우하하

우리는 / 하늘 아래 / 하나다

불평이 조직을 튼튼하게 만든다

긍정적인 직원이 많은 회사는 활력적이고 성공 가능성이 높은 반면 불평이 많은 조직은 분열되고 추진력이 약화될 수 있다. 그렇다면 불평하는 사람은 울타리에서 배제되어야 할까?

불평에 대한 흥미로운 연구가 진행됐다. 하버드 대학교 심리학과 조지 메이오 교수는 한 제조사로부터 판매 실적이 부진한 원인을 찾아달라는 의뢰를 받아 직원 면담을 진행했다. 당시 회사는 복지가 꽤 좋은 편이었지만 직원들은 늘 불만이 가득했다. 연구진은 이 점을 염두에 두고 2년에 걸쳐 약 2만 명이 넘는 직원과 직접 인터뷰를 했다. 하지만 불만을 자세히 듣고 기록은 하되 어떤 반박이나 개선점은 말하지 않았다. 그런데 조사가 끝나 갈 무렵 변화가 일어났다. 회사의 생산량과 판매 실적이 크게 늘었던 것이다.

메이오 교수는 그 이유가 직원들의 불만을 무조건 들어준 것에 있다고 결론지었다. 마음속에 지니고 있는 불만을 표출함으로써 심리적인 안정을 찾은 직원들이 평소보다 더 열심히 일하게 되었고, 이는 생산량을 높이는 동시에 판매량 증가로 이어졌다는 것이다. 메이오 교수는 이것을 '불평효과'라고 정의했다. 불평효과는 실생활에서도 흔히 볼 수 있는데, 구입한 상품이 맘에 들지 않아 불만을 제기했던 고객이 업체의 성실한 대응으로 불만이 풀리면서 오히려 입소문을 내는 충성 고객이 되는 것이 대표적인 사례다.

불평은 나를 치유하는 데 그치지 않고 조직을 변화시키기도 한다. 메기 한 마리를 미꾸라지 속에 넣으면 미꾸라지를 자극시켜 더 오래 생존할 수 있게 한다. 이처럼 불평이 조직에 긴장감을 주어 더 나은 방향으로 개선한다. 반대로 불평이나 불만이 없으면 어떤 것도 개선할 수 없다. 보통 회의에서는 상급자만 발언하고 결론도 상급자가 내리는 경우가 많다. 이런 회의가 많은 조직은 발전할 동력을 얻지 못한다. 그래서 직원 한 명에게 회의 시간에 불평과 반대 의사를 표하라는 임무를 주는 리더도 있다.

불만과 불평은 관심의 표현이기도 하다. 그래서 불만을 늘어놓는 직원이 불만이 있어도 말하지 않는 직원보다 낫다. 모든 사안에 대해 무조건 반대하거나 불만을 갖는 것은 문제가 될 수 있다. 하지만 건전한 불만과 불평은 조직이 성장하는 데 좋은 영양제가 된다. 쓴소리는 받아들이기에 따라 좋은 소리로 변할 수 있기 때문이다. 그래서 불만을 토로하는 이를 무시하거나 배척해서는 안 되며 귀를 닫아서도 안 된다. 병을 치료하는 백신도 본래는 병균으로 만들어진 것이다. 이것이 몸속으로 들어와 우리 몸을 긴장시키고 병균과 싸워 이길 수 있는 힘을 길러주는 것처럼 불만과 불평이라는 병균이 조직을 더 건강하게 만들 수 있다. '뽑으려 하니 모두 잡초였지만 품으려 하니 모두 꽃이었다'(나태주의 〈잡초〉)는 시구처럼 불만을 뽑아버리면 잡초처럼 쓸모없어지지만 품으면 인간관계를 아름답게 만드는 훌륭한 거름으로 재탄생한다.

주위에 불평만 늘어놓는 사람들의 소리에 귀를 기울여보자. 그 불평 속에 우리를 발전시킬 수 있는 열쇠가 분명히 있다.

우리는 하늘 아래 하나다
"우하하!"

불평하지 않는 고객들이 사실상 가장 믿을 수 없는 고객이다.
다시 말하면 불평하는 고객이 가장 믿음직한 고객이라는 뜻이다.

자넬 발로

필요는 발명의 어머니다. 그렇다면 불만은 발전의 아버지다.

데이비드 록펠러

다른 사람들이 불평 불만을 말할 때가 당신에게는 기회다.

마윈

행복한 삶을 살기 위해 필요한 것은 거의 없다.

아우렐리우스 안토니우스

한우갈비

한마음인 / 우리는 / 갈수록 / 비상한다

문을 열어라, 세상은 문밖에 있다

'행복해서 꿈을 꾸는 것이 아니라 꿈을 꿀 수 있어서 행복하다'는 말이 있다. 꿈의 크기가 얼마인지 어느 방향으로 향하는지 정확하게 알 수 없더라도 꿈의 높이만큼은 현재보다 높게 잡아야 한다.

꿈을 이루기 위해서는 두 개의 문을 열어야 한다. 첫 번째는 내 안에 있는 문이다. 아무리 큰 꿈을 꾸더라도 내 안에만 남아 있다면 그저 꿈으로 남을 뿐이다. 구체화해서 실현 가능성을 높이려면 내 안에 닫혀 있는 문을 열어야 한다. 내 머릿속, 내 가슴속에만 존재하는 꿈의 실체를 밖으로 끄집어내야 한다. 충분히 생각하고 과감하게 행동하는 숙려단행熟慮斷行의 정신이 필요하다.

이를 위해서는 구체적인 방법과 과정을 기록해 보는 것이 좋다. 글로 쓰는 것만큼 실천에 큰 도움을 주는 것도 없다. 메모하듯

써 내려가다 보면 어느덧 구체적인 실행 방안이 떠오르고 행동에 옮기게 된다. 글쓰기는 마음을 정리하는 것이고, 머릿속 수많은 생각 중에 중요한 것들을 끄집어내는 과정이다. 한 글자 한 글자 써 내려가다 보면 꿈의 실체를 만나게 된다.

"꿈을 날짜와 함께 적어놓으면 목표가 되고, 목표를 잘게 나누면 계획이 되며, 계획을 실행에 옮기면 실현된다"고 한다. 그래서 꿈은 구체적으로 꾸어야 하고 반드시 적어야 한다. 꿈속에 떠오른 아이디어를 깨는 즉시 메모하는 습관을 가진 사람이 성공하는 것도 이런 이유다. 메모는 미약해 보이지만 쓰고 나면 위대해진다.

두 번째는 나와 세상 사이에 존재하는 문이다. 《세상은 문밖에 있다》의 저자 이장우 박사는 본질을 찾기 위해 세상에 나서라고 권한다. 우리가 살고 있는 현재와 꿈꾸는 미래는 모두 문밖에 있으니 그 문을 열라고 한다. 바로 나와 세상 사이에 있는 문이다. 그 문은 열기만 하면 된다. 하지만 많은 사람들이 문을 열기를 주저한다. 문 안에서 세상을 바라보는 것이 안전하기 때문이다. 하지만 문을 열지 못하면 인간도 결국 '새장 속의 새'에 지나지 않는다.

사람을 만나는 일은 세상을 향해 문을 여는 것이다. 만남은 대화를 만들고 대화는 세상을 향한 문을 여는 열쇠가 된다. 나 혼자만의 생각에서 깨어나 세상을 바라볼 수 있게 한다. 무조건 만나다 보면 내가 그동안 알지 못했던 것을 듣고 보게 된다. 새로운 경험과 지식이 나의 머릿속으로 들어오면서 한층 더 업그레이드된 나의 모습을 발견할 수 있다. 그래서 무조건 만나야 한다. 만남은 성공 앞에 버티고 있는 불가능과 실패, 좌절과 포기를 사라지게 할 귀한 약재다.

새장을 벗어나 바깥세상을 향해 힘차게 날아가는 새를 상상해 보자. 꿈은 멀리 있는 것이 아니다. 당신 안에 있는 문과 당신 밖에 있는 문을 열기만 하면 된다. 혼자 힘들다면 동반자들과 함께 문을 열어보자. 멋진 꿈을 위해 비상하는 건배사를 제안해 보자.

한마음인 우리는 갈수록 비상한다
"한우갈비!"

●

오랫동안 꿈을 그리는 사람은 꿈을 닮아간다.

앙드레 말로

● ●

꿈을 꾼다는 것은 생각하는 것이 아니라 움직이는 것이다.

이동진

● ● ●

한 번도 꿈이 실현되지 않았다고 해서 가엾게 생각하지 말라.
정말 가엾은 것은 한 번도 꿈을 꿔보지 않은 사람들이다.

에센바흐

● ● ● ●

현재는 과거의 꿈을 이루는 시간이다.

미상

환영해

환상적이고 / 영양가 많은 / 회(해)식 자리로

이해관계를 넘어 이해하는 관계를 만들어라

직장에서의 회식이 점차 사라지고 있다. 단체보다는 개인을 중시하는 분위기가 확대되면서 업무가 아닌 시간에 회식하는 것을 꺼리는 분위기가 팽배하다. 상사는 부하직원의 눈치를 보고 남성은 여성의 눈치를 본다. 회식을 하더라도 가볍게 1차로 끝내고 헤어진다. 일과 가정, 공公과 사私가 섞이는 것을 경계하는 것이다. 최근에는 미투운동까지 확산되면서 이러한 분위기가 더해지고 있다.

이러한 사회 분위기가 시작된 것은 10여 년 전부터다. 2008년 글로벌 금융위기로 우리나라의 경제 상황은 나락으로 떨어졌었다. 산업화에 불을 당기며 급격한 성장을 경험했던 베이비붐 시대에 비해 사람들은 하락에 대한 체감도를 훨씬 크게 느꼈다. 경기가 좋지 않으니 뭐든지 줄여야 했다. 감속 시대에 들어선 것이다. 가계 지출을 줄여야 했기에 소비가 줄고 회식 문화가 영향을 받게 되었다. 회식도 가성비를 따지게 되었고 웃고 떠들기만 하는 회식은 의미 없다는 생각에 참여율도 저조해졌다.

사람들은 회식에 참석했을 때 얻을 수 있는 무언가가 있는지를 먼저 살핀다. 맛있는 음식을 먹을 수 있거나, 승진에 도움이 되는 자리인지, 어떤 것이든 도움이 될 만한 것이 있어야 적극 참여한다. 그래서 모임을 이끄는 리더는 회식도 업무의 연장으로 생각하고 조직원들과 함께 어떤 이야기를 나눌지 생각해야 한다. 미래 지향적인 전략을 세워야 하고, 회식에서 최대의 효과를 얻기 위해 세밀한 계획을 세울 필요가 있다.

평생직장이라는 개념이 사라지고 있다. 돈 버는 일보다 하고 싶은 일에 더 관심이 많은 젊은 세대들이 트렌드를 이끌어가고 있다. 그들의 문화를 눈여겨보아야 한다. 자신이 속한 집단의 이익보다 자신의 이익이 우선인 신세대들의 눈높이에 맞춰야 한다. 리더는 앞에서 이끌고 나가는 것만이 정답이라는 생각은 일찌감치 버려야 한다. 지원한다는 입장에서 신세대들과 함께 보폭을 맞춰야 한다.

오늘 회식은 눈높이를 맞추는 자리부터 만들어보자. 세대 간의 차이를 극복하기 위해 어떻게 해야 할지 대화를 나눠보고, 서로를 이해하는 시간을 만들어보자. 시대가 바뀌었고 세대 간 생각의 차이가 크지만 아직은 술을 통해 이야기를 나누다 보면 '이해관계가 아니라 이해하는 관계'가 될 수 있다. 이해관계는 자신의 이익만을 따지지만 이해하는 관계는 상대방의 이익을 생각한다. 이해관계는 서로 밀어내지만 이해하는 관계는 서로를 끌어당기는 법이다.

맛있고 영양가 많은 음식을 앞에 두고 이해하는 관계가 될 수 있도록 건배사를 힘껏 외쳐보자.

환상적이고 영양가 많은 회(해)식 자리로

"환영해!"

같은 손의 손가락처럼 오바마의 건배사

2018년 트럼프 정부는 자국의 이익을 추구한다는 명분하에 미중 무역 마찰을 일으켰다. 밀어붙이는 미국과 이에 지지 않으려는 중국이 맞서면서 애꿎은 신흥국들의 경제가 위협을 받았고, 세계는 불안에 떨어야 했다. 그런데 용호상박의 미중 마찰을 예견이라도 했는지, 건배사로 양국의 우의를 강조했던 인물이 있었다. 바로 전임 대통령 오바마다.

시간을 거슬러 2015년 9월, 미국과 중국의 수장들이 백악관에서 만났다. 오바마 집권 이후 개최된 아홉 번의 국빈 만찬 중에 중국만이 유일하게 두 번 이상 만났을 정도로 미국은 중국에 대해 각별했다. 이 자리에서 오바마 대통령은 제2차세계대전 당시 조난당해 중국의 한 마을에서 큰 도움을 받았던 미군 비행기 조종사 이야기로 화제를 이끌었다. 그리고 건배사로 "같은 손의 손가락처럼 우정과 평화 속에 협력하길 바라며 간베이(乾杯, 건배)"라고 외쳤다. 두 나라 사이에 갈등이 있더라도 우정은 변치 말자는 뜻이었다. 손가락은 서로 떨어져 있지만 언제든 서로를 감싸 안을 수 있다. 같은 손 안에서 서로 연결되어 있기 때문이다. 국가도 이와 같다. 지구촌이라는 큰 손바닥에 서로 다른 크기와 모양으로 붙어 있다. 그래서 지도자들은 대립과 분쟁보다는 협력과 소통할 수 있는 방법을 먼저 찾아야 한다. 그것이 진정한 리더의 모습이고 더불어 살아가는 지혜다.

끈끈끈

업무는 매끈하게 / 술은 화끈하게 / 우정은 끈끈하게

친구를 만나는 것은 또 하나의 인생을 만나는 것이다

요금일탄천년조瑤琴一彈千年調

농속분분단청음聾俗紛紛但聽音

초창종기몰이구怊悵鍾期沒已久

세간수지백아심世間誰知伯牙心

좋은 거문고 조율하여 오래된 음조를 타니

귀 막힌 속인들은 들을 뿐 알지 못하네.

슬프고도 슬프다. 종자기 이미 사라졌으니

세상 누가 백아의 마음을 알아줄 것인가?

조선시대 개혁가였던 조광조가 거문고를 타면서 노래한 〈영금
詠琴〉으로 백아와 종자기의 우정을 그린 시다. 백아는 중국 춘추시

대 거문고를 잘 탔지만 뛰어난 연주를 알아주는 사람이 드물었다고 한다. 하지만 친구 종자기만이 그의 소리를 진정으로 알아주고 함께 즐겼다. 종자기가 병으로 세상을 일찍 뜨자 백아는 거문고를 더 이상 연주하지 않았다고 할 정도로 둘의 우정은 남달랐다.

친구를 갖는다는 것은 또 하나의 인생을 갖는 것이라고 했다. 그만큼 우정을 쌓는다는 것은 대단한 것이며 쉽지 않은 일이다. 사랑은 가까이서 서로의 감정을 주고받지만, 우정은 한 발짝 떨어져서 이성을 교환한다. 사랑은 서로를 느끼는 것이라면 우정은 서로를 이해하는 것이다. 우정은 사랑처럼 조건이 없어야 하고 손해와 이익을 따져서도 안 된다. 우정을 빌미 삼아 이익을 추구하면 이해하는 관계가 무너지고 이해관계로 몰락할 수 있다.

친구는 세 가지 부류로 나눌 수 있다. 첫 번째는 음식 같은 친구다. 인간은 먹지 않으면 살아갈 수 없다. 이런 친구는 인생이 끝나는 날까지 함께한다. 두 번째는 보약 같은 친구다. 보약은 매일 먹지는 않는다. 하지만 몸이 좋지 않을 때 존재감이 빛난다. 보약 같은 친구는 내가 필요할 때 언제든지 달려온다. 자주 만나지는 않아도 결정적인 역할을 한다. 마지막으로 병균 같은 친구다. 좋은 친구만 있는 것은 아니다. 도움이 되는 친구가 있는가 하면 피해를 주는 친구도 있다. 내가 원하지 않는다고 병균이 들어오는 것을 막을 수 없는 것처럼 나를 힘들게 하는 친구를 무조건 거부하기는 힘들다. 병을 예방하기 위해 평소 열심히 운동하고 조심하는 것처럼 병균 같은 친구는 조심하고 또 조심해야 한다.

한 포털사이트에서 한국 영화 〈친구〉를 대상으로 가장 인상 깊은 대사가 무엇인지 조사한 적이 있다. 1위는 '느그 아버지 뭐 하시노'가 차지했고, 2위는 '고마해라, 마이 묵었다 아이가'였다. 그리고 '친구끼리 미안한 거 없다'가 5위로 뽑혔다. 친구는 엄마, 아빠와 더불어 듣기만 해도 따뜻한 위안을 주는 단어다. 오늘 오랜 친구에게 전화를 해보자. 갑작스런 연락에도 친구라면 만사 제쳐두고 달려오지 않겠는가? 음식과 같은 친구, 보약과 같은 친구들과 함께 우정을 돈독히 하는 뜻에서 건배의 잔을 높이 들어보자.

업무는 매끈하게 술은 화끈하게 우정은 끈끈하게
"끈끈끈끈!"

대문호들의 맥주 사랑

독일의 대문호 괴테는 맥주를 너무나 좋아했다. 오죽하면 "책은 고통을 주지만 맥주는 우리를 즐겁게 한다. 영원한 것은 맥주뿐"이라는 시구를 남겼을까?

역사상 가장 위대한 극작가 셰익스피어도 맥주 애호가였다. 맥주 시음관이라는 특이한 직업을 가진 아버지의 영향으로 맥주를 좋아하게 되었고, "양조장 맥주 한잔과 목숨의 보증서를 손에 넣을 수 있다면 명예 같은 것은 버려도 괜찮다"며 맥주 마니아임을 자처했다. 당시 유럽에는 와인이 귀족과 부자들의 술이었다면 맥주는 왕부터 서민에 이르기까지 모든 사람의 사랑을 받는 국민주였다.

황금은 불로 시험하고 우정은 곤경으로 시험당한다.

영국 격언

우정은 날개 없는 사랑이다.

바이런

세상에서 가장 어려운 일

"세상에서 가장 어려운 일이 뭔지 아니?"

"글쎄요, 돈 버는 일? 밥 먹는 일?"

"세상에서 가장 어려운 일은 사람이 사람의 마음을 얻는 일이란다. 각각의 얼굴 만큼 아주 짧은 순간에도 각양각색의 마음속에 수만 가지의 생각이 떠오르는 데, 그 바람 같은 마음을 머물게 한다는 건 정말 어려운 일이란다."

《어린 왕자》 중에서

재미와 감동이 있는 건배사

관계물리학

이해관계가 되면 멀어지고 이해하는 관계가 되면 끈끈해진다.

위하자

위기를 / 하찮게 여기는 / 자신을 위하여

내면의 열등감을 벗어라

조선의 제7대 임금 세조는 왕좌를 차지하기 위해 많은 사람들을 죽인 인물로 역사에 기록되어 있다. 즉위를 반대한 신하들이 숙청됐고, 왕권 강화를 위해 어린 조카 단종까지 죽게 만들었다. 그런데 즉위 후 세조 2년에 궁을 지키던 수장 하나가 벼락에 맞아 죽는 일이 발생했다. 적통이 아니라는 열등감을 늘 마음속에 지니고 있었던 세조는 하늘의 심판이 아닐까 두려워했다. 이후로도 전대 왕비이자 단종의 어머니인 현덕왕후가 꿈에 나타나는 악몽에 시달리다 그녀의 묘까지 파헤치는 등 반인륜적인 짓을 저질렀고, 끝내 즉위 13년 만에 병으로 세상을 떠났다.

열등감으로 인해 자신이 점점 추락해 가는데도 어쩔 수 없을 때가 있다. 열등감이 지속되면서 습관화되었기 때문이다. 습관은 우리 몸을 무의식적으로 움직이게 만들고 정신마저 지배한다. 습관화된 열등감에서 벗어나기는 쉽지 않다. 늪에 빠져 점점 몸이 빨려 들어가는 것처럼 자신감을 잃으면 위기 상황에서 헤어나지 못한다. 습관은 그래서 무서운 것이다.

　사람들은 위기에 맞닥뜨렸을 때 두 가지 자세를 취한다. 그냥 포기하거나 극복하기 위해 끝까지 노력하는 것이다. 위기危機를 그대로 풀이하면 '위험한 시기'다. 하지만 다르게 생각해 보자. '위危'는 위태롭고 위험한 상황을 말하고, '기機'는 좋은 시기, 즉 '위험하지만 좋은 기회'로 해석할 수 있다.

　포기하는 사람은 위기를 그저 '위험한 시기'라고 생각할 것이고, 포기하지 않는 사람은 '위험하지만 좋은 기회'로 생각한다. 힘든 사람을 위로할 때는 '힘을 내라'고 말하지 '힘을 받아라'고 하지 않는다. 힘을 주는 것은 남이 아니라 자신이므로 스스로 힘을 만들어야 한다는 것이다.

　열등감도 마찬가지다. 타인에 의해 생긴 것처럼 보이지만 사실은 스스로 만든 것이다. 그렇기에 열등감을 치료할 수 있는 사람은 오직 자기 자신뿐이다. 그리고 다른 사람들은 나의 열등감에 아무런 관심이 없다. 오직 자신만이 열등감에 사로잡혀 매일 스스로를 감시할 뿐이다. 마음의 기준이 너무 높으면 자만하게 되고, 너무 낮으면 열등감에 빠질 수 있다. 그래서 마음의 기준을 어디에 두느냐가 중요하다. 마음에도 중용의 가치가 적용된다.

오늘 자리를 함께한 사람들 중에 열등감에 빠져 있는 사람이 있다면 모르는 척하면서 격려해 주자. 열등감을 벗어버리고 당당히 나올 수 있도록 "당신의 마음속 위기는 하찮은 것이니 극복할 수 있다"고 말해 주자.

위기를 하찮게 여기는 자신을 위하여
"위하자!"

숫자 건배사

119

1가지 술로만 1차 하고 9시까지.

892

8시에서 9시까지 끝내고 2차 없음.

222

2가지 술을 섞지 않고 2잔 이상 권하지 않고 2차는 절대 없음.

일십백천만

하루에 1번 이상은 좋은 일을 하고 / 10번 이상은 큰 소리로 웃고

100자 이상 쓰고 / 1000자 이상 읽고 / 1만 보 이상 걷자.

9988234

99세까지 88하게 살다가 2~3일 앓다 사(4)망하자.

5-3=2, 2+2=4

오(5)해했을 때 세(3) 번 생각하면 이(2)해하게 되고

이(2)해하고 이(2)해하면 사(4)랑하게 된다.

•

할 수 있다고 믿는 사람은 그렇게 되고

할 수 없다고 믿는 사람 역시 그렇게 된다.

샤를 드골

• •

대부분의 사람은 자신이 마음먹은 만큼만 행복하다.

링컨

• • •

자존감이 높은 사람은 타인과 비교할 시간에

자신의 삶에 더욱 집중한다.

미상

• • • •

1분마다 인생을 바꿀 수 있는 기회가 찾아온다.

영화 〈바닐라 스카이〉 중에서

모바일

모든 것이 / 바라는 대로 / 일어나길

무조건 저지르고 행동하라

원하는 것을 아무 때나 얻을 수 있다면 우리는 행복할까? 1분마다 인생을 바꿀 기회가 찾아오고, 그 기회를 잡을 수 있다면 우리는 성공할 수 있을까? 원하는 모든 것을 들어주는 요술 램프의 지니가 나타난다면 우리 인생은 언제나 해피엔딩일까?

바라는 것을 이루려면 무조건 실행부터 해야 한다. 잘될지, 실패할지 고민하느라 망설이다 보면 해보기도 전에 기회는 저만치 멀어진다. 많은 사람들이 실행하지 못하는 이유가 바로 생각의 늪에 빠져버리기 때문이다. 생각은 행동을 가로막는 방해물이 될 수 있다. 그러므로 생각하는 사람보다는 저지르는 사람의 에너지가 강하다.

영국의 심리학자 J. 하드필드 박사는 스스로 낙담하면 자기 능력의 30퍼센트도 발휘할 수 없지만 '난 할 수 있어, 난 특별하니까' 하는 마음으로 자신감을 가지면 150퍼센트까지 능력을 발휘할 수 있다는 것을 연구를 통해 증명했다. 어떻게 마음먹느냐에 따라 인간의 능력이 달라진다는 것이다. 하지만 특별한 결과를 얻기 위해서는 마음먹는 것만으로 쉽지 않다. 반드시 행동이 따라야 한다.

생각을 행동으로 옮기는 좋은 방법은 입부터 여는 것이다. 예를 들어 '나는 할 수 있다'고 소리쳐 보는 것이다. 머릿속에서만 맴도는 생각을 입 밖으로 내뱉는 것이 모든 행동의 출발점이다. 보이지 않는 말은 공기를 타고 주변으로 전파되었다가 다시 내 귀로 들어와 행동을 유도한다. 생각을 말로 먼저 표현하고 과감하게 실행할 때 능력의 한계 구역은 더욱 넓어진다.

로마 시대 네로 황제의 스승이면서 웅변가로 명성이 높았던 세네카는 "어렵기 때문에 시작하지 않는 것이 아니다. 시작을 안 하기 때문에 어려운 것이다"라고, 행동의 어려움과 중요성을 이야기했다.

부자가 되고 싶은 한 청년이 있었다. 그는 매일 "신이시여, 제발 복권에 당첨될 수 있도록 해주세요"라고 기도했다. 한 달이 지나고 1년이 지나도 아무 일도 일어나지 않자 화가 난 청년은 "도대체 제 말을 듣기나 하는 겁니까?"라고 하늘을 향해 외쳤다. 그러자 어디에선가 신의 목소리가 들려왔다. "청년아, 제발 복권이나 사고 말해라."

모든 것이 바라는 대로 이루어지길 원하는가? 그렇다면 무조건 행동하자. 머릿속에 있는 생각이 입을 통해 나오고, 행동으로 이어지게 해야 한다. 행동이 뒤따르지 않는 생각은 공상에 지나지 않는다. 아무리 금은보화가 많이 담겨 있어도 땅속에서 꺼내지 않으면 그저 흙 속에 파묻힌 상자에 불과하다. 그것을 얻으려면 당장 곡괭이를 들고 땅부터 파야 한다.

생각한 것이 있으면 지금 당장 행동에 옮기자. 내일은 불확실한 미래다. 오늘이 지나면 어떻게 변해 있을지 모른다. 행동하기로 마음먹었다면 즉시 실천해야 한다. 그저 환상 속에 있는 내일을 기대하며 미룰 수 없다. 바로 지금이 그때다. 모든 일은 바라는 대로 일어날 수 있으니 힘을 내보자.

모든 일이 바라는 대로 일어나길
"모바일!"

낮에 꿈꾸는 사람은

밤에만 꿈꾸는 사람에게는 찾아오지 않는 많은 것을 알고 있다.

에드거 엘런 포

말하자마자 행동하는 사람, 그것이 가치 있는 사람이다.

퀸투스 엔니우스

생각은 고민을 낳고 행동은 기적을 낳는다.

미상

행동은 모든 성공의 기본 열쇠다.

파블로 피카소

풀풀풀

남자는 파워풀 / 여자는 뷰티풀 / 우리 모두는 원더풀

부족함에 절실함을 더하라

"독고신얼자獨孤臣孼子는 기조심야위其操心也危 하며 기려환야심其慮患也深이라 고故로 달達이니라."(맹자) "오직 외로운 신하와 서자庶子들은 마음가짐이 편안하지 않고 위태로우며, 화禍를 깊이 염려하기 때문에 사리에 통달하게 된다"는 말이다. 임금의 총애를 받지 못해 외로운 신하와 태어날 때부터 2등급 인생으로 낙인찍혔던 서자는 늘 열등감에 사로잡혀 있어 남보다 더 절실할 수밖에 없었고, 절실함 때문에 결국 성공에 이른다는 의미다.

어려운 유년 시절을 보내고 자수성가해 굴지의 패션 업체를 거느린 어느 회장은 부족함과 절실함이 오늘날 자신을 만들었다며 이렇게 말했다. "저는 머리가 나쁘고 공부를 못하고 가난했기 때문에 평생 남보다 더 열심히 노력하기로 결심했고, 항상 낮은 자세로 남을 섬기는 삶을 살아왔습니다. 저에게는 부족함이 포기와 절

망의 이유가 아니라 도전과 성공의 원천이 되었습니다."

아름다운 꽃이라 해서 향기까지 좋은 것은 아니다. 사람도 마찬가지다. 멋진 외모에 재산이 많고 지식까지 겸비했다고 해서 완벽한 사람이라고 할 수 없다. 아름다운 꽃은 벌이 찾아오지 않으면 자신에게 향기가 없다는 것을 알게 되고, 스스로 만물의 영장이라 칭하는 인간은 겸손과 반성을 통해 부족함을 알게 된다. 중요한 것은 부족함 자체가 아니라 그것을 인지하고 채우기 위해 얼마나 절실하게 노력했는가 하는 것이다. 부족함은 누구에게나 있지만 그것을 채우기 위해 절실하게 노력하는 사람은 많지 않다. 대부분의 사람들은 자신의 부족함을 인정하기보다 오히려 부정한다. 그래서 사람을 뽑을 때는 그 사람이 가진 능력을 보기보다는 부족함을 채우기 위해 어떻게 절실하게 살아왔는지 살펴야 한다.

절반 정도 채워진 물잔에는 여전히 더 채울 수 있는 반절의 공간이 남아 있지만 가득 찬 물잔에는 더 이상 물을 부을 수 없다. 무엇이든 가득 차면 더 이상 이루고 채울 것이 아무것도 없지만, 부족한 상황이라면 어떤 것이든 시도해 볼 수 있다. 얼마든지 더 채울 수 있다.

부족함은 도전할 수 있다는 용기를 주어 성공에 이르게 하는 지름길이다. 부족함이야말로 인간다운 모습이다. 적당하게 부족해야 사람답고 도와주고 싶은 마음이 생긴다. 그래서 나의 부족함을 채우는 일이나 상대방의 부족함을 채워주는 일은 모두 가치 있고, 나아가 모두를 발전시키는 원동력이 된다.

앞에 모인 사람들의 술잔을 가득 채워보자. 당신의 사랑과 존경의 마음까지 더해 보자. 그리고 서로를 향해 힘차게 건배사를 외쳐보자.

남자는 파워풀 여자는 뷰티풀 우리 모두는 원더풀

"풀풀풀!"

시대별 건배사

	유형	대표 사례
1세대	단합, 협동	우리가 남이가, 위하여
2세대	삼행시, 언어유희	진달래(진하고 달콤한 내일을 위해) 소취향 당취평(소주에 취하면 하루가 편하고, 당신에 취하면 평생이 편하다.
3세대	경제 상황	명품백(명퇴조심, 품위유지, 백수방지, 무조건(무진장 힘들어도 조금만 참고 건승하자)
4세대	리더십, 사회 이슈	고사리(고마움과 사랑을 아는 리더들을 위하여) 대도무문(대리운전 도착한다, 무리해도 문제없다) 최순실(최대한 마시자, 순순히 마시자, 　　　　실려 갈 때까지 마시자) 위하야(we下野)

부족한 사람은 자신의 부족함을 알기에 늘 겸손하지만,
수준 미달의 사람은 자신의 부족함을 인정하지 않아 늘 오만하다.

미상

배우고 난 뒤에 자신의 부족함을 알게 되고,

가르치고 나서야 어려움을 알게 된다.

《예기》 중에서

사람은 많이 알수록 부족함을 느끼고 모를수록 우월감을 느낀다.

그래서 무식하면 용감하다는 말이 나온다.

《생각을 뒤집으면 인생이 즐겁다》 중에서

거시기

거절하지 말고 / 시키는 대로 / 기쁘게 먹자

망설임의 굴레에서 벗어나라

무엇을 먹을까? 어디로 갈까? 지금 해야 할까?

우리는 사는 동안 수많은 망설임과 마주친다. 단순하게 생각하면 될 일도 여러 가지 상황들을 떠올리면서 결정에 많은 시간을 소비한다. 짜장면과 짬뽕을 한꺼번에 먹을 수 있는 '반반' 메뉴나 '아무거나'라는 술안주도 망설이는 사람들 때문에 생겨난 것이다. 셰익스피어의 《햄릿》에서 가장 유명한 대사인 "죽느냐 사느냐 이것이 문제로다"는 결정의 어려움을 대표하는 말이 되었고, 햄릿증후군으로 유명해졌다. 지금은 '결정장애'라는 말이 널리 통용되고 있다.

물론 '망설임'이 무조건 나쁜 것은 아니다. 신중하게 생각할수록 시행착오를 줄이고 실패 확률을 낮출 수 있다. 하지만 대부분의 망설임은 결정으로 이어지기까지 시간을 허비함으로써 엉뚱한 결과를 초래한다. 망설임은 결단력을 약화하고 일에 대한 추진력도 떨어뜨린다. "사람이 살다 보면 세 번의 기회가 반드시 찾아온다"고 했지만 대부분의 사람들은 실제로 기회가 왔는데도 놓치고 만다. 망설임 때문이다. 망설임은 기회를 만날 수 있는 문을 닫아 버려서 눈앞에 지나가는데도 잡지 못한다. 그래서 기회 뒤에 숨어서 오는 '기적'을 만날 수 없다.

"해보지도 않고 후회하는 것보다 해보고 후회하는 것이 낫다"는 말처럼 망설이다 후회하는 일이 있어선 안 된다. 좀더 당당하게 행동에 나서자. 너무 오래 생각하지 말고 자신의 직관대로 밀어붙여야 한다. 머릿속에 처음 떠오르는 직관이 의외로 맞을 때가 많다. 망설이는 시간을 줄이는 연습도 필요하다. 한없이 망설이다 보면 모든 것을 놓칠 수 있다. 망설임의 시간은 짧을수록 좋고 결정은 신속해야 한다. 망설임도 습관일 수 있기 때문에 줄이기 위해 부단히 노력해야 고칠 수 있다.

짧은 망설임 뒤에 결정을 했다면 즉시 행동에 옮기는 것이 중요하다. 즉시 행동하는 습관은 운명까지 바꿀 수 있기 때문이다. 종전의 히트를 쳤던 드라마 〈응답하라1988〉에서 정환(류준열)은 망설임 때문에 짝사랑 덕선(혜리)을 붙잡지 못했다. 정환은 이렇게 독백한다. "주저 없는 포기와 망설임 없는 결정들이 타이밍을 만든다. 그 녀석이 더 간절했고, 난 더 용기를 냈어야 했다. 나빴던 건 신호등이 아니라, 타이밍이 아니라, 수많은 망설임이었다."

아직도 망설임 속에서 하루를 보내는가? 망설임은 누구도 알아주지 않는다. 혼자만의 망설임이라면 빨리 벗어나야 한다. 어떤 결과가 나타나더라도 망설임의 굴레에서 벗어나야 앞으로든 뒤로든 걸어갈 수 있고 무엇이든 할 수 있다. 사소한 일에 집중하는 것도 좋은 방법이다. 사소한 일에 가치를 부여하고 키워나가야 한다. 하나하나 이뤄나가다 보면 만족감이 쌓여 큰 산을 이루고, 결국 성공이라는 정상에 우뚝 서게 된다.

지금도 술잔을 앞에 놓고 망설이는가? 술을 마시지 않고 자동차를 운전해서 귀가할 생각인가? 오늘 함께 자리한 사람들은 당신을 만나고 싶어서 나온 사람들이다. 그들의 얼굴을 바라보자. 앞으로도 오랫동안 함께할 친구들이지 않은가? 나를 알아주는 친구가 강한 인맥이라고 했다. 당신을 빛나게 하는 강한 인맥들이 기다리지 않도록 망설이지 말고 건배에 동참해 보자. 그리고 먼저 제안하자. 거절하지 말고 기쁘게 먹자고.

거절하지 말고 시키는 대로 기쁘게 먹자

"거시기!"

●

당신 앞에는 어떠한 장애물도 없다.

망설이는 태도가 가장 큰 장애물이다.

버트런드 러셀

● ● ●

실수하며 보낸 인생은 아무것도 하지 않고 보낸 인생보다

훨씬 존경스러울 뿐 아니라 훨씬 더 유용하다.

조지 버나드 쇼

● ● ●

길을 아는 것과 그 길을 걷는 것은 분명히 다르다.

영화 〈매트릭스〉 중에서

지퍼백

지치지 않고 / 퍼지지 않고 / 백(back)하지 않는 여러분이 되시길

피곤을 경계하고 꿀벌 같은 리더가 돼라

"바쁘다 바빠." 바쁘다는 말을 입에 달고 사는 사람들이 많다. 안부를 물어보면 바빠서 정신이 없다고 한다. '월화수목금금금'이라고 할 만큼 워커홀릭인 사람도 있다. 바쁘다는 말을 자주 하는 사람 중에는 중간관리자나 임원, 대표들이 유독 많다. 미팅만 해도 하루가 다 가버리고, 자리에 앉을 시간도 없다.

영국의 증권거래소 매니저였던 N. 굿슨은 "피곤에 찌든 관리자가 가장 형편없는 관리자다"라며 이러한 리더를 경계했다. 피곤은 틈을 만들고 그 속으로 조금씩 문제들이 자리를 잡는다. 이런 문제들이 쌓이다 보면 더 큰 문제가 야기되고, 결국 조직까지 흔들릴 수 있다. 직원의 실수는 리더가 바로잡아 주면 되지만 리더가 실수하면 바로잡기가 힘들다. 그러므로 리더는 바쁘게 일하는 것을 당연하게 여기지 말아야 하고 피곤을 경계해야 한다.

시간을 활용하는 관점에서 두 가지 리더로 분류할 수 있다. 앞장서서 일하는 리더와 맡기는 리더다. 전자에게 요구되는 것은 개인적인 능력이고, 후자에게 요구되는 것은 소통력이다. 앞장서서 일하는 리더는 다른 사람에게 일을 맡기기보다 자신이 모든 것을 처리하기 때문에 개인적인 능력이 뛰어난 편이다. 모든 일을 직접 해야 마음이 놓이고 마무리가 잘되었다고 생각한다. 이렇다 보니 항상 시간에 쫓기고 바쁘다.

반면에 맡기는 리더는 직원과의 소통을 중요시하고, 직원의 능력을 믿고 결과에 주목한다. 직원이 일을 잘할 수 있는 환경을 만들고, 장애물이 생기면 치워주는 지원군 역할만 한다. 가까운 거리에서 그들이 올바른 방향으로 길을 개척하고 걸어갈 수 있도록 조언하고 돕는다. 그리고 어떻게 하면 동기부여가 될지 고민하고 방법을 찾는다. 그래서 맡기는 리더는 앞장서서 일하는 리더보다 상대적으로 여유롭다.

한 꼬마가 앞에 있는 노신사에게 다가가 "당신은 어떤 기업가인가요?"라고 당돌하게 물었다. 갑작스러운 꼬마의 엉뚱한 질문에 살짝 당황한 노신사는 얼굴에 웃음을 지으며 "나는 꿀벌이지"라고 대답했다. 그리고 그 이유를 이렇게 이야기했다. "여기저기 돌아다니며 꿀을 따다가 열심히 일하는 직원들에게 힘내라고 꿀을 주는 게 내 역할이거든." 그는 바로 전 세계 어린이들이 사랑하는 미키마우스를 탄생시킨 월트 디즈니다.

꿀벌 같은 리더가 되자. 포기하고 주저앉은 이에게 꿀을 주고, 조금만 더 힘을 내면 성공할 수 있다고 응원해 주는 사람이 되자. 이를 위해서 먼저 피곤해서는 안 된다. 당신이 피곤해지면 곧 조직도 피곤해진다. 앞장서 주도하기보다는 믿고 맡기는 리더가 되자. 그리고 오늘 하루 피곤에 지친 친구와 동료들이 다시 한번 힘을 낼 수 있도록 건배사를 힘차게 외쳐보자.

지치지 않고 퍼지지 않고 백(back)하지 않는 여러분이 되시길 "지퍼백!"

●

사람의 마음을 얻는 것은 우주를 얻는 것과 같다.

미상

● ●

마음을 얻는다는 것은 한 사람을 내 편으로 만드는 것이기에

수많은 시간과 노력이 필요하다.

미상

● ● ●

가장 지혜로운 마음은 계속 무언가를 배울 여유를 가진다.

조지 산타야나

여우야

여기서 / 우리의 멋진 / 야밤을 위하여

인지부조화는 누구에게나 온다

목이 말라 물을 찾아 헤매던 여우는 탐스러운 포도를 발견했다. 여우는 얼른 다가가 나무에 달린 포도를 따먹으려 했으나 너무 높아서 입이 닿지 않았다. 한참을 이리저리 뛰어봐도 포도를 딸 수 없자 여우는 그만 포기하고 이런 말을 남긴다. "포도가 시어서 맛이 없을 거야."

처음에는 포도가 너무 맛있어 보였지만 정작 먹을 수 없게 되자 생각과 결과가 불일치되면서 심리적인 불편함을 느끼게 된다. 이때 불편함을 해소하기 위해 여우는 "포도가 시어 맛이 없을 거야"라며 포도 먹기를 포기한 자신의 결정을 두둔한다. 이것은 다름 아닌 자기합리화다. 사람은 생각한 것과 다른 결과가 나타났을 때 느끼는 심리적인 불편함을 없애는 방향으로 행동하는 경향이 있는데, 이것을 심리학 용어로 '인지부조화'라고 한다. 자신의 신념이 옳지 않았다는 사실을 인정했을 때 받게 될 심리적 충격을 회피하기 위해 현실을 부정하고 자신의 신념이 끝까지 옳다고 주장한다. 다이어트를 하던 여성이 눈앞에 놓인 치킨을 거부하다가 끝내 한 조각을 입안에 넣으면서 "오늘 충분히 운동했으니 하나쯤은 괜찮다"라고 자기합리화하는 것도 인지부조화의 결과다.

자기합리화는 믿음을 더 굳건히 만든다. 반박할 증거가 나타나도 그것을 받아들이기보다는 오히려 거부하게 만든다. 심리적으로 덜 괴롭기 때문이다. 인간은 '보이는 것을 믿기보다 내가 믿는 대로 보려는 심리'가 강하다. 그래서 인간은 합리적인 존재가 아니라 스스로를 합리화하려는 존재라는 말도 있다. 본질을 왜곡하고 스스로를 합리화하려는 사람들이 의외로 많은 것도 이 때문이다.

합리화는 분열을 조장함으로써 조직이 성장하는 데 큰 걸림돌이 된다. 합리화는 책임 회피를 불러오고, 아무도 책임지지 않는 일은 결국 제대로 된 결과를 도출하기 어렵다. 자기합리화는 정치판에서 가장 많이 볼 수 있다. 자신의 신념과 반해도 당론이면 어쩔 수 없이 따라야 하는 정치의 속성이 바로 자기합리화다. 내가 동의하지 않는 사안을 찬성할 때 오는 불편함을 당론으로 합리화하는 것이다.

심리적 불편함을 인정하고 괴롭더라도 자기합리화의 욕망을 물리쳐야 조직이 건강해지고 개인도 발전한다. 인지부조화의 상황이 벌어지면 무조건 받아들이기보다 한번 더 깊은 자기 성찰을 통해 자신의 믿음이 틀렸다는 사실을 직시해야 한다. 자신이 틀렸다는 것을 인정하면 변화하여 지금보다 더 나은 결과로 이어질 수 있다. 포도가 시어 맛이 없을 것이라며 자기합리화를 하고 떠난 여우는 다시는 포도를 먹을 수 없다. 하지만 포도나무에 결코 닿을 수 없다는 것을 인정하고 다른 방법을 찾으려고 노력했다면 시간이 조금 걸리더라도 결국 달콤한 포도를 먹었을 것이다.

언젠가는 달콤한 포도를 따먹는 여우를 상상하며 외쳐보자.

여기서 우리의 멋진 야밤을 위하여
"여우야!"

●

인간은 합리적인 존재가 아니라 합리화하는 존재다.

레온 페스팅거

●●

나보다 못한 사람들로 자기합리화를 해가며 나를 위로했다.

내가 발전하지 못하는 이유였다.

미상

●●●

낙관적인 사람은 어떤 어려움 속에서도 기회를 보고

비관적인 사람은 어떤 기회 속에서도 어려움만 본다.

윈스턴 처칠

세세세

만나세 / 마시세 / 나가세

만나려면 잘 만나야 한다

"쎄쎄쎄, 아침 바람 찬바람에 울고 가는 저 기러기 우리 선생 계실 적에 엽서 한 장 써주세요. 구리구리구리 가위바위보." 어린 시절 친구와 함께 손을 맞잡고 손등을 부딪치며 불렀던 노래다. 가위바위보에 진 사람의 목 뒤에 손가락을 찍고 어느 손가락인지 맞히는 추억의 놀이였다. 요즘도 가끔 이런 동요가 들려오면 하던 일을 멈추고 옛 생각에 빠져든다.

독일의 문학가 한스 카로사는 "인생은 너와 나의 만남이다"라고 말했다. 인생에서 가장 중요한 일이 만남이라는 뜻이다. 아기로 태어나면서 부모와 자식이 만나고, 학교에 들어가면 선생과 학생이 만난다. 성년이 되어 직장에 들어가면 사장과 신입사원이 만난다. 만남은 새로운 인연을 만들고 새로운 도전을 꿈꾸게 한다.

만남 앞에는 '잘'이라는 단어가 붙어야 한다. 남자는 여자를 잘 만나야 하고, 아내는 남편을 잘 만나야 한다. 자식은 부모를 잘 만나야 하고, 부모도 자식을 잘 만나야 한다. 직장에서도 후배는 선배를 잘 만나야 하고, 사장은 부하직원을 잘 만나야 한다. 씨앗이 좋은 땅을 잘 만나야 튼튼하게 성장하듯이, 만남은 서로에게 좋은 땅과 씨앗을 제공해야 한다. 그래야 부족한 것을 채워주며 함께 성장할 수 있다.

하루에도 수없이 많은 만남이 이루어진다. 눈을 뜨면 가족과 만나고, 출근하는 길에 이름 모를 사람들과 만난다. 직장 동료와 만나고 바이어와 만난다. 그리고 저녁엔 미리 약속했던 사람들이 만난다. 만남은 필연과 우연을 넘나들며 우리 인생과 동행한다. 오늘 저녁에 만나는 사람들이 단순히 만나는 사람이 아니라 잘 만나는 사람이길 바란다.

만나세 마시세 나가세
"세세세!"

나는 생각한다. 고로 존재한다.

데카르트

생각한다는 것은 참으로 고된 노동이다.

생각하는 사람이 그토록 적은 이유가 거기에 있다.

아인슈타인

사람들이 왜 새로운 생각을 두려워하는지 이해할 수 없다.

나는 오래된 생각이 두렵다.

존 케이지

대도무문

대리운전 / 도착한다 / 무리해도 / 문제없다

사유하지 않으면 대리인생이 될 수 있다

"대리운전 기사가 출발했습니다. 10분 후에 도착할 예정입니다." 스마트폰은 인류 역사상 가장 획기적이고 혁신적인 발명으로, 손가락 터치만으로 많은 일을 할 수 있게 해주었다. 그중 술을 마신 사람들을 위해 개발된 대리운전 앱은 폭발적으로 성장했다. 매일 밤 대리운전 기사는 술을 마신 사람들을 대신해서 달린다. 음주자의 호출을 기다리며 스마트폰의 알림에 집중한다.

시간제 강사로 8년간 대학 강단에 서다 대리운전 기사로 활동한 김민섭 씨는 《대리사회》라는 책을 출간했다. 그는 책에서 대리하는 우리 사회의 자화상을 이야기했는데 "우리는 마치 차의 주인인 것처럼 질주하고 있지만, 대리기사와 마찬가지로 개인의 의지와 욕망은 통제돼 왔다"며 "스스로 사유(대상을 두루 생각하는 것)하지 못하면 주체라는 환상에 빠져 타인의 욕망을 대리하는 대리인간으로 살아갈 수밖에 없다"고 지적했다. 주체적 삶을 살아간다고 생각하지만 사유하지 않아 실제로는 대리인생을 살아가는 사람이 너무 많다는 것이다.

독일 태생의 유대인 철학자 한나 아렌트는 "악은 평범한 것으로, 사유하지 않음에서 시작된다"고 했다. 무심코 던진 돌에 개구리가 죽는 것처럼 깊이 생각하지 않고 말하거나 행동한 것이 누군가에게 상처를 입히는 악행이 된다는 것이다. 사유하지 않음으로써 남을 대리하게 되고, 결국 주체성을 잃게 된 대리인은 악행을 유발한다는 것이다. 그래서 지도자일수록 누구보다도 더 많은 사유를 위해 힘써야 한다.

인간은 혼자 사는 것이 아니라 더불어 사는 것이기 때문에 사유를 게을리해서는 안 된다. 사유가 부족하면 의도하지 않은 악행이 발생할 수 있기 때문이다. 그래서 사유는 나를 바로 세우는 힘이자 경쟁력이다.

누군가를 대리한다는 것은 부족하고 힘이 없다는 부정적 의미가 있다. 하지만 대리운전, 대리주부 등 누군가를 대리하는 산업이 성장하면서 긍정적인 개념으로 변하고 있다. 대신하는 직업도 가치 있는 일이라 생각하고 최선을 다한다. 대리인간이 없으면 사회가 돌아가지 못할 정도가 되었으니 말이다. 누구나 살다 보면 한 번쯤은 대리인생을 경험한다. 하지만 깊은 사유 없이 내가 주체라는 환상에 빠지게 된다면, 평생 대리인생으로 전락할 수 있다.

대리기사는 운전대를 잡는 순간 목적지까지 안전하게 운행할 책임과 의무가 있다. 남의 인생을 대리하는 시간이지만 음주운전으로 인한 사고를 방지한다는 점에서 사회적으로 기여하는 바가 크다. 오늘 밤 동료들과 함께 신나고 의미 있는 시간을 보냈다면 안전한 마무리를 준비하자. 음주운전은 절대 해서는 안 될 악행이다. 대리운전 기사와 함께 안전하게 동행하자. 그것이 기분 좋은 술자리의 완벽한 마무리고, 나와 이름 모를 다른 사람의 하루까지 무사히 마치게 한다.

대리운전 도착한다 무리해도 문제없다
"대도무문!"

취하라

항상 취하라.
그것보다 우리에게 더 절실한 것은 없다.

시간의 끔찍한 중압이 네 어깨를 짓누르면서
너를 이 지상으로 궤멸시키는 것을 느끼지 않으려거든 끊임없이 취하라.

무엇으로 취할 것인가.
술로, 시로, 사랑으로, 구름으로, 덕으로
네가 원하는 어떤 것이든 좋다.
다만 끊임없이 취하라.

샤를 보들레르

●

술 마시는 시간을 낭비하는 시간이라고 생각하지 말라.

그 시간에 당신의 마음은 쉬고 있으니까.

《탈무드》 중에서

● ●

술은 행복한 자에게만 달콤하다.

존 키츠

● ● ●

한 잔의 술은 재판관보다 더 빨리 분쟁을 해결해 준다.

에우리피데스

그리스 신화 속 술버릇

제우스의 아들이자 술의 신 디오니소스는 어느 날 들판에서 우연히 먹은 포도 맛에 반해 포도 농사를 지었고 수확한 포도를 동굴 속에 넣어두었다가 깜빡 잊어버렸다. 오랜 시간이 지나 동굴에 간 디오니소스는 포도가 발효되어 포도주가 된 것을 발견했다. 그 후 디오니소스는 포도를 발효할 때마다 지나가는 짐승을 잡아 그것의 피를 넣었다. 사자가 지나가자 사자의 피를 넣고, 다음으로 원숭이, 개, 돼지를 잡아 차례로 그 피를 넣었다. 동물의 피를 넣은 포도주를 먹은 사람들은 술버릇이 달라졌다. 술을 조금 먹으면 사자처럼 용맹해지고, 조금 더 먹으면 원숭이처럼 끽끽대며 우스운 짓을 하고, 조금 더 먹으면 개처럼 으르렁대며 서로 싸우고, 아주 많이 먹어 취하면 돼지처럼 지저분하게 나뒹굴었다고 한다. 비록 신화 속에 등장하는 술버릇이지만 술 마실 때 한 번쯤 생각해 볼 만한 이야기다.

PART **5**

이럴 땐 이렇게!
건배사 시나리오

나이 든 사람들이 많을 때

여러분 어렸을 적엔 병원이 무서웠지요?

그런데 지금은 병원비가 무서운 나이 아닙니까?

그래서 건강하게 오래오래 사는 게 최고의 행복입니다.

제가 '병원비'라고 말하면 '내지 말자'라고 답해 주시길 바랍니다.

병원비(선창)

내지 말자(후창)

반전 있는 메시지를 던지고 싶을 때

즐거운 자리는 빠져도 되지만

슬픈 자리는 꼭 참석하라는 말이 있습니다.

좋을 때 함께한 친구보다 슬플 때 함께한 친구가

진짜 친구라는 뜻이겠지요.

그런데 꼭 참석해야 하는 자리가 또 있습니다.

바로 '술 풀 때'입니다.(웃음 유도) 여러분은 진짜 친구입니다.

술 풀 때가(선창)

친구다(후창)

분위기가 썰렁할 때

여러분, 살아가면서 늦을 때가 많습니다.

약속에 늦을 때도 있고, 출근 시간에 늦을 때도 있습니다.

그럴 땐 어떻게 하시나요?

늦는 것을 두려워 말고 멈추는 것을

두려워하라는 말이 있습니다.

그것이 바로 오늘입니다.(잠시 쉬고 좌중을 쳐다본다)

건배가 멈추는 것을 두려워하라.

'멈추면'이라고 선창하면 '죽는다'로 대답하세요.

멈추면(선창)

죽는다(후창)

취해서 잠든 사람이 옆에 있을 때

여러분, ○○○님께서 이미 꿈나라로 가셨습니다.

그래도 우리는 계속 달려야겠지요?

이런 말이 있습니다.

'잠자는 사자의 콧털을 건드리지 마라.'

그런데 우리는 이런 말을 해야 합니다.

'잠자는 ○○○의 콧털을 건드리지 마라.' (잠시 응시)

선창은 '우리끼리', 후창은 '마시자' 입니다.

우리끼리(선창)

마시자(후창)

뭔가 유식한 건배사를 하고 싶을 때

여러분 프랭크 시나트라를 모르시는 분은 안 계시겠죠?

'20세기 가장 위대한 목소리'라고 평가받는 미국 가수입니다.

그의 대표곡으로 '마이웨이'와 '뉴욕뉴욕'이 있습니다.

그런데 그는 이런 말을 했다고 하네요.

"고개를 들어라. 각도가 곧 태도다."

무슨 뜻인지는 한참 생각해 봐야겠지만,

여러분께 제가 하고 싶은 말입니다.

"술잔을 들어라. 원샷이 곧 태도다." (웃음 유도)

제가 '원샷이'라고 말하면 '태도다'라고 따라 해주세요.

원샷이 (선창)

태도다 (후창)

낭만적인 건배사를 하고 싶을 때

자, 여러분,(3초간 응시한다)

최근에 밤하늘의 별을 보신 적 있으신가요?

저는 요즘 별을 보기 위해 자주 하늘을 쳐다보곤 합니다.

'별은 바라보는 자에게 빛을 준다'고 하니까요.(박수 유도)

자, 저는 오늘 밤 저를 바라보는 분들에게

이 술을 드리고 싶습니다.(웃음 유도)

술병은 바라보는 자에게 술을 줍니다.

제가 '술은'이라고 하면,

'그대에게'라고 화답해 주시기 바랍니다.

술은(선창)

그대에게(후창)

남자가 여성들 앞에서 건배사를 할 때

여기 모이신 여성분들에게 남자로서 건배사 한마디 하겠습니다.

남편으로 산다는 게 무엇일까요?

어떻게 하면 귀여움을 받으며 잘살 수 있을까요?

집에 두고 오면 근심 덩어리, 같이 나오면 짐 덩어리,

밖에 나오면 걱정 덩어리, 그리고 마주 앉으면 웬수 덩어리가

남편이라고 합니다. 그런가요?(반응 유도)

하지만 이거 하나만은 알아주셨으면 합니다.

그런 덩어리가 여러분을 사랑한다는 것을요.(웃음 유도)

자, 제가 '덩어리야'라고 선창하면

'사랑해'라고 후창 부탁드립니다.

덩어리야(선창)

사랑해(후창)

힘들게 목표를 이룬 사람들 앞에서

여러분, 그동안 너무나 고생 많았습니다.

눈물이 날 정도로 힘든 상황이지만 여러분이 모두 합심 노력해서

오늘의 결과가 나왔다고 생각합니다.

오늘만큼은 마음껏 드시고 즐거운 시간 되시길 바랍니다.

'힘겹고 눈물겨웠으니 행복에 겨워도 좋습니다.'

제가 '행복해도 좋습니까?'라고 물어보면

'행복해도 좋습니다'라고 답해 주세요.

행복해도 좋습니까(선창)

행복해도 좋습니다(후창)

술잔이 비워지는 속도가 더딜 때

자, 한마디 하겠습니다.

'꿈에 집중하라.

시시한 현실 따위는 보이지 않게'라는

말이 있습니다.

너무나 멋지지 않습니까?

그런데 우리에게도 멋진 건배사가 하나 있습니다.

'술잔에 집중하라. 시시한 안주 따위는 보이지 않게.'

'집중하라'라고 선창하면

'술잔에'라고 후창해 주세요.

집중하라(선창)

술잔에(후창)

시간이 무료하다고 느껴질 때

'늦었다고 생각할 때가 가장 빠른 때'라는 말이 있습니다.

하지만 늦었다고 생각할 때는 진짜로 늦은 겁니다.

그러니 지금 당장 해야 합니다.

그런데 뭘 해야 할까요?

바로 술잔을 비우는 거죠.

제가 '건배 언제'라고 선창하면

여러분은 '지금 당장'이라고 해주시기 바랍니다.

건배 언제(선창)

지금 당장(후창)

술잔을 비우고 싶을 때

여러분, 성공한 사람들의 공통점이 무엇일까요?(잠시 응시)

저는 '준비'라고 생각합니다.

목표를 달성하기 위해서 그들은 늘 준비를 하죠.

돈을 마련하든 공부를 하든 사람을 만나든

성공한 사람들은 늘 준비하기에 바쁩니다.

그래서 '준비하는 사람은 기회를 잡는다'고 합니다.

여러분도 준비되어 있으신가요?(반응 살핌)

준비되셨으면 술잔을 잡으세요.

제가 '준비하는 사람은'이라고 선창하면

여러분은 '술잔을 잡는다'라고 후창하시면 됩니다.

자, 준비되셨죠?

준비하는 사람은(선창)

술잔을 잡는다(후창)

웃음을 유도하고 싶을 때

행복해서 웃는 사람이 많을까요?

웃어서 행복한 사람이 많을까요? 저는 후자라고 생각합니다.

행복을 만들기 위해서는 수많은 노력과 눈물이 필요합니다.

시간도 많이 필요하죠. 하지만 웃어서 행복한 것은

그리 오래 걸리지도 않고, 많은 노력이 필요하지도 않습니다.

웃음은 생각만으로도 만들 수 있습니다.

웃음은 지구상에서 가장 전염 속도가 빠릅니다.

웃어서 행복한 사람, 웃겨줘서 행복한 사람,

웃을 수 있어서 행복한 사람.

우리 모두 그런 사람이 되길 바랍니다.

당신이 미소 짓는 오늘을 위해 건배사를 제안합니다.

선창은 '고민 말고', 후창은 '웃자'입니다.

고민 말고(선창)

웃자(후창)

걱정 많은 사람들 앞에서

여러분, 남들이 나를 어떻게 생각할지 걱정되십니까?

남들이 나에 대해 어떻게 말할지 걱정되십니까?

그런데 말입니다, 남들은 여러분에 대해

그렇게 많이 생각하지 않습니다.

그러니 남 걱정은 접고 나 자신부터 챙겨야 합니다.

걱정만 하기보다 내가 남들을 위해 어떻게

생각할지를 생각해 보십시오.

앞에 있는 사람이 나를 위해 걱정할지 걱정하지 마십시오.

제가 '걱정은'이라고 하면 '쓰레기통에'라고 후창해 주세요.

걱정은(선창)

쓰레기통에(후창)

술을 잘 마시지 않는 분위기가 감지될 때

여러분, 에디슨은 변명에 대해 이렇게 이야기했다고 합니다.

"변명 중에서도 가장 어리석고 못난 변명은

'시간이 없어서'라는 것이다." (잠깐 응시)

여러분, 우리에게 지금 시간이 없습니까? 돈이 없습니까?

단지, 술이 없을 따름입니다.

자, 빈 잔에 술 한잔 다시 따르고 함께 외칩시다.

제가 질문하면 '아닙니다'를 세 번 외쳐주세요.

시간이 없습니까 (선창) 아닙니다 (후창)

돈이 없습니까 (선창) 아닙니다 (후창)

그럼 술이 없습니까 (선창) 아닙니다 (후창)

그럼 마셔부러! 건배

행복이라는 메시지를 전하고 싶을 때

여러분 행복하십니까? (분위기 살핌)

오늘은 왜 행복하신가요? (또 분위기 살핌)

저는 오늘 행복합니다. 왜냐하면,

'매일 행복할 수는 없어도 행복한 일은 매일 있다'고 하니까요.

오늘 여러분을 만나고 있기 때문에 저는 행복합니다.

제가 '여러분이 있어'라고 선창하면

'행복합니다'로 답해 주시기 바랍니다.

여러분이 있어 (선창)

행복합니다 (후창)

짓궂은 건배사를 하고 싶을 때

미국의 제16대 대통령 에이브러햄 링컨은
이런 말을 남겼습니다.
"대부분의 사람은 자신이 마음먹은 만큼만 행복하다"라고 말이죠.
저는 여러분에게 이런 말을 남기고 싶습니다.
건배사를 제안하는 저는 여러분이 마신 만큼만 행복합니다.
제가 '마신 만큼만' 하면 '행복합니다'로 답해 주시기 바랍니다.

마신 만큼만(선창)

행복합니다(후창)

사는 게 무엇인지를 말하고 싶을 때

여러분은 이 세상에 오래 살려고 왔습니까?

잘살려고 왔습니까?

후자이겠죠? 그런데 잘살고 계신가요?

잘살기 위해 노력하고 계신가요?

술잔을 높이 들어봅시다.

잘살기 위해 노력하고 계신지 보게요.

잘사는 것도 어찌 보면 그리 어려운 게 아닙니다.

이렇게 술잔만 잘 부딪쳐도 잘사는 것입니다.

제가 '오래 살려고 왔냐?'라고 물으면

'잘살려고 왔다'라고 대답해 주세요.

오래 살려고 왔냐(선창)

잘살려고 왔다(후창)

힘을 주고 싶을 때

여러분, 요즘 무척 힘드시죠?

경기도 어렵고 직원들 월급 주기도 빠듯하고

가끔은 넘어져 쉬고 싶은 생각도 굴뚝같을 겁니다.

그런데, 이런 말이 있더군요.

'사람들은 넘어지지 않고 달리는 사람에게는 박수를 쳐주지 않지만

넘어진 후에 다시 일어나 달리는 사람에겐 박수를 쳐준다'라고요.

넘어질 수도 있습니다. 하지만 넘어졌다고 포기하지 마십시오.

당당하게 일어나 다시 열심히 뛰신다면 사람들은 여러분을 위해

더욱 힘차게 박수를 쳐줄 겁니다. (잠시 응시)

자, 그런 의미에서 건배로 서로에게 박수를 쳐주는 겁니다.

제가 '넘어져도'라고 선창하면,

여러분은 '다시 일어서자'라고 후창해 주시기 바랍니다.

넘어져도 (선창)

다시 일어서자 (후창)

사랑을 확인하고 싶을 때

여러분, 제가 여러분을 사랑하는 거 알고 계시죠?

사랑은 남녀만이 하는 것이 아닙니다.

믿음이 있고 우정이 있으면, 그것이 결국 사랑 아니겠습니까?

제가 좀 닭살 돋게 말하더라도 이해해 주시기 바랍니다.

여러분을 사랑하는 마음으로 '나그네'로 삼행시를 지어보겠으니

운을 띄워주시기 바랍니다.

나 — 나는 그대를 사랑합니다.

그 — 그대들도 나를 사랑합니까?

네!

술이 조금 남았을 때

여러분, 고민이 많으시지요?

고민의 50퍼센트는 정확하게 결단하면 없어지고

고민의 40퍼센트는 결단으로 끝내지 않고 행동하면 없어지고

나머지 10퍼센트는 정열을 불태우면 없어진다고 합니다.

이제 오늘 술자리의 술이 10퍼센트밖에 남지 않았네요.

오늘 남은 술을 정열로 없애버립시다.

모두의 정열과 숙취 없는 내일을 위하여!

한잔의 리더십, 운명의 30초

지난 2010년, G20 정상회의와 남북이산가족상봉 이슈로 국내외 정세가 긴박하게 돌아갈 시기에 "오빠 바라만 보지 말고 마음대로 해(오바마)"라는 건배사가 한 공인의 입에서 나와 빈축을 산 일이 있다. 비록 술자리의 특성상 분위기를 띄우기 위해 나온 유머러스한 건배사라고는 하지만, 당시 분위기를 볼 때 엄숙하고 진지해야 할 자리에서 성적 농담이 섞인 건배사는 상당히 부적절했다는 여론이 들끓었다. 이로 인해 건배사를 한 당사자는 기자들과 국민들 앞에서 사과해야 했고, 국가적으로도 큰 망신거리가 되었다.

건배사는 나이 든 사람들에겐 건강과 행복을 기원하고, 고군분투하는 동료와 선후배들에게는 동기부여를 해준다. 신입사원 환영식에서 처음으로 건배사를 하게 되는 신입사원에게는 자신의 능력과 됨됨이를 보여줄 수 있는 절호의 기회이기도 하다. 높은 사람이 아랫사람들을 향해 건배사를 할 때는 삶의 철학과 인생 노하우를 들려주는 계기가 된다. 하지만 아름다운 장미꽃 뒤에는 날카로운 가시가 숨어 있듯이 '오바마'와 같은 건배사처럼 아니 한만 못한 우를 범할 수도 있으니 주의해야 한다. 건배사의 리더십은 기회가 있다고 해서 무조건 생기는 것이 아니라 주어진 기회를 어떻게 활용하느냐에 달렸다.

수많은 실패를 딛고 자수성가한 회장이 있다. 모임이 있을 때마다 그가 빠뜨리지 않는 것이 바로 건배사다. 그는 평범한 건배사에 스토리를 담는다. 건배사 요청을 받으면 대부분의 사람들은 짧은 말로 대충 끝내려 하지만 그는 단어 하나하나에 이야기를 담고 감정을 싣는다. 사람들은 그가 한마디 할 때마다 감탄하고, 목이 터져라 건배사를 제창한다. 그는 평소에도 건배사에 쓸 만한 이야기를 들으면, 메모하고 기억하려고 애쓴다. 사람들은 모임에서 그의 멋진 건배사를 듣기 위해 귀를 쫑긋 세운다. 건배사를 하는 시간만큼은 그는 모든 사람들이 열광하는 연예인이 된다.

마술사는 공연에서 관중들에게 선보일 마술을 개발하기 위해 부단히 노력한다. 마술이 눈속임이라는 것을 알고 매의 눈으로 지켜볼 관중들을 생각하며 마술을 준비하지만 그저 눈을 속이는 마술만을 준비하지 않는다. 눈을 속이는 마술은 바로 들통날 수 있기 때문이다. 마술사는 재미있는 이야기와 구성으로 관중들의 마음을 속일 준비에 매진하는 것이다. 비록 눈을 속이는 마술이 들통나더라도 마음을 훔쳤기에 사람들은 대수롭지 않게 생각한다.

입술의 30초가 가슴의 30년이 된다

30초 리더십으로 부를 수 있는 건배사는 마음을 두드릴 수 있어야 한다. 귀에 듣기 좋은 건배사는 술자리가 끝나면 곧 잊혀지지만, 마음을 두드린 건배사는 오래도록 사람들의 가슴속에 남는다. 건배사를 듣고 마음의 두드림을 느낀 사람들은 생각을 바꾸고, 태도와 행동까지 변화할 수 있다. 행동의 변화는 운명까지 바꿀 수 있으니 건배사의 나비효과다. 마술과 건배사는 재미와 감동으로 마음을 두드린다는 공통점이 있다. 그래서 건배사는 30초의 마술이다.

젊은 시절 웅변으로 명성을 날렸던 고대 로마의 철학자 세네카는 "용기는 우리를 별로 인도하고 두려움은 죽음으로 인도한다"고 말했다. 용기 있는 사람의 눈에는 별이 보이기 때문에 그곳에 닿을 수 있다. 두려움은 고개를 숙일 수밖에 없기에 죽음에 이른다는 뜻이다.

건배사도 용기가 필요하다. 사람들이 요구하니 어쩔 수 없이 자리에서 일어나 겨우 한마디 하는 것은 용기라 할 수 없다. 사람들의 가슴속에 꽤 오래 남을 건배사를 찾아내려는 용기가 필요하다. 건배사를 통해 나의 존재감을 알리고 리더십도 성장하는 계기가 된다.

건배사는 남이 준 기회이고, 어떻게 말하는가는 스스로에게 주는 기회다. '위하여' 같은 한마디로 대충 끝내려면 차라리 안 하는 게 낫다. 평소에 멋진 건배사 하나쯤은 머릿속에 저장해 놓을 필요가 있다. 자신의 차례가 오면 잠시 좌중을 응시하면서 이목을 끌자. 당신의 여유로운 모습이 사람들을 압도할 수 있다. 그리고 스토리가 담긴 멋진 건배사를 풀어놓으면 오늘 모임의 승자는 바로 당신이 된다. 건배사는 인생을 바꿀 30초 리더십이자, 운명의 30초가 될 수 있음을 명심하자.